Rupert Berndl

Brennsuppn und Erdäpfel
Vergessene Rezepte aus dem Bayerischen Wald

RUPERT BERNDL

Brennsuppn und Erdäpfel

Vergessene Rezepte aus dem Bayerischen Wald

SüdOst Verlag

Bibliografische Information Der Deutschen Nationalbibliothek

Die Deutsche Nationalbibliothek verzeichnet diese Publikation in der Deutschen Nationalbibliografie; detaillierte bibliografische Daten sind im Internet über http://dnb.ddb.de abrufbar.

ISBN 978-3-95587-825-2

Für uns, die Battenberg Gietl Verlag GmbH mit all ihren Imprint-Verlagen, ist Nachhaltigkeit ein wichtiger Teil unserer Unternehmensphilosophie. Daher achten wir bei allen unseren Produkten auf den Einsatz umweltschonender Ressourcen und Materialien.
Dieses Buch wurde auf FSC®-zertifiziertem Papier gedruckt. FSC (Forest Stewardship Council®) ist eine nicht staatliche, gemeinnützige Organisation, die sich für die verantwortungsvolle und ökologische Nutzung der Wälder unserer Erde einsetzt.

Unsere Partnerdruckerei kann zudem für den gesamten Herstellungsprozess nachfolgende Zertifikate vorweisen:

- Zertifizierung für FOGRA PSO
- Zertifizierungssystem FSC®
- Leitlinien zur klimaneutralen Produktion (Carbon Footprint)
- Zertifizierung EcoVadis (die Methodik besteht aus 21 Kriterien in den Bereichen Umwelt, Einhaltung menschlicher Rechte und Ethik)
- Zertifikat zum Energieverbrauch aus 100 % erneuerbaren Quellen
- Teilnahme am Projekt „Grünes Unternehmen“ zum Schutz von Naturressourcen und der menschlichen Gesundheit

Titelbild: Museumsdorf Bayerischer Wald

Die Fotos zu den einzelnen Rezepten sind als auflockernde, farbige Gestaltungselemente zu verstehen und sind daher nicht immer identisch mit den Kochergebnissen der nebenstehenden Koch- und Backanweisungen.

Überarbeitete und erweiterte 6. Auflage 2023
ISBN 978-3-95587-825-2

www.battenberg-gietl.de

Inhaltsverzeichnis

Vorwort

Eine wahre Flut von Kochbüchern aller Art drängt derzeit in die Domäne der Hausfrau, in gehobene Küchenstudios und Single-Kochnischen. Zudem flimmern täglich Livesendungen aus diversen Fernsehküchen über die Mattscheiben. Tipps werden gegeben, Tricks verraten, Rezepte anschaulich umgesetzt.

So gesehen ist es ein gewagtes Unterfangen, zwei handgeschriebene Kochbücher, die um die Mitte des neunzehnten Jahrhunderts entstanden, zum Gegenstand eines Buches zu machen.

Die beiden Schriften stammen aus dem ehemaligen Markt, der jetzigen Stadt Waldkirchen sowie aus dem benachbarten, mittlerweile hierhin eingemeindeten Dorf Saßbach. Beide Orte liegen im Unteren Bayerischen Wald.

Eigentlich galt der Bayerische Wald immer schon, zumindest bis herauf ins späte zwanzigste Jahrhundert, als ein etwas rückständiger, von Not und Elend geplagter Landstrich. Wenn dem so wäre, müsste sich das auch über seine Küche, und damit aus alten Kochbüchern, erschließen lassen. Dass der „Woid" vor etwa 150 Jahren ein kulinarisches Ödland war, mit einer eintönigen, armseligen Küche, kann so nicht gelten. Vielleicht vermag das vorliegende Buch einige dieser Vorurteile zu entkräften.

Freilich stehen die vielen interessanten, vielfach in Vergessenheit geratenen Rezepte

An den südseitigen, Wärme speichernden Wänden der Bauernhäuser gediehen auch Weinreben.

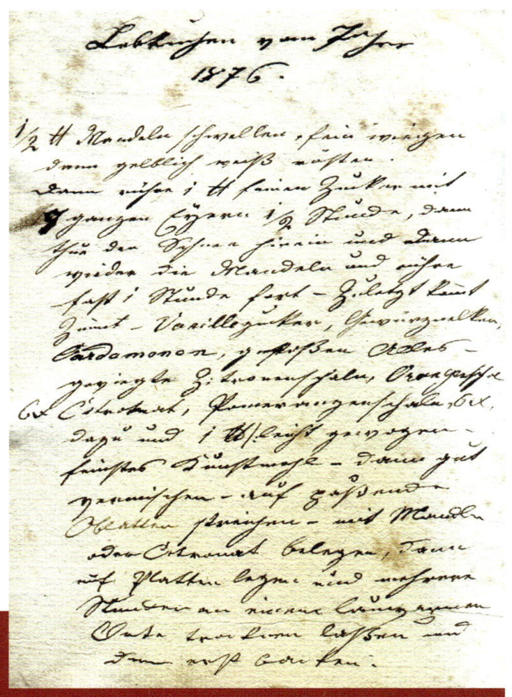
Lebkuchen vom Jahr 1876.

Aus dem „Meindl'schen" Kochbuch.

aus den beiden Kochbüchern und einigen weiteren Rezeptsammlungen aus dieser Zeit im Vordergrund. Mit ihrem regionalen Bezug und den reizvollen Anregungen ermuntern sie gerade in der heutigen Zeit zum Nachkochen und Experimentieren.

Darüber hinaus lässt sich aus den vielfältigen Eintragungen manches Wissenswerte über Waldkirchen, seine unmittelbare Umgebung und über diese Zeit ganz allgemein ablesen: Die Arbeitsweise der Köchinnen und Küchenmägde, deren soziales Umfeld, Strukturen und Kontakte. Erschließen lassen sich neben der Ausstattung der Küchen auch die Art und Anzahl der verwendeten Gerätschaften und Hilfsmittel sowie die damals üblichen Maße, Gewichte und der hohe Zeitaufwand, der für das Bereiten der Speisen nötig war. Über den Blick in die Küche lässt sich also ein Einblick gewinnen in das Leben der Menschen ganz allgemein. Verschiedene Aufzeichnungen und Berichte in der Literatur des neunzehnten Jahrhunderts, die das Essen im Bayerischen Wald zum Inhalt haben, belegen dies und vermögen darüber hinaus so manche kulinarische Fehleinschätzung zurecht zu rücken.

Dieses Buch will also mehr sein als ein Kochbuch. Natürlich soll es in erster Linie alte, in Vergessenheit geratene Rezepte präsentieren und zum experimentellen Ausprobieren anregen. Reich bebildert möchte es aber zugleich einen spannenden und amüsanten Einblick gewähren in das Leben der Menschen im Bayerischen Wald zwischen etwa 1830 und 1880.

Ohne die Unterstützung vieler kann ein solches Buch nicht verfasst werden. Zu danken gilt es dem Archivar der Stadt Waldkirchen, Herrn Richard Schiffler, für die Unterstützung, Frau Ruß für die Auskünfte zur Geschichte des „Meindl'schen Kochbuches", der Familie Reschauer für das Zur-Verfügung-Stellen von Urkunden und Dokumenten zu ihrem Hof, Frau Maria Stögbauer und Frau Anneliese Fuchs für das zeitweise Überlassen der handgeschriebenen Kochbücher aus ihrem jeweiligen Familienbesitz sowie den vielen alten Bäuerinnen, Bauern und Handwerkern, die dem Verfasser zahlreiche wertvolle Hinweise gaben. Zu danken habe ich auch der Kräuterexpertin Frau Karin Greiner, die zahlreiche alte Bezeichnungen für verschiedenste Kräuter enträtseln half. Ganz besonderer Dank gilt den Bäuerinnen auf dem Reschauer-Hof in Saßbach, Frau Biser aus Raffelsberg, Frau Wagner aus Lämmersreut, Frau Lenz-Krummenacker vom Gasthof „Zur Post" in Herzogsreut und den zahlreichen Bekannten und Verwandten aus dem „Hausfrauenreich" und nicht zuletzt meiner Frau für das Nachkochen so mancher alter Rezepte und die Übertragung von Zeit, Temperatur- und Gewichtsangaben auf ein heute übliches „Küchensprachenniveau".

Die Geschichte des Kochens – ein Überblick

Mit Sicherheit stellt die Beherrschung des Feuers einen der wichtigsten Meilensteine in der Geschichte der Menschheit dar. Es entzünden zu können, wann immer man das wollte, war dabei zunächst der bedeutsamste Schritt. Es zu hüten und zu bewahren und als Lichtspender, vor allem aber als Wärmequelle zu nutzen, eröffnete unseren Vorfahren erst die Möglichkeit, auch in einer zunächst feindlichen Umgebung zu bestehen.

Vor allem in Höhlen an der französischen Mittelmeerküste wurden Herdstellen mit verkohlten Knochenresten entdeckt. Auf ein Alter von etwa 500 000 Jahren schätzen sie die Archäologen. Wenig jüngere Hinweise gleicher Art finden sich in ganz Europa. Auch auf bayerischem Boden, in den Höhlen der steilen Jurahänge des Altmühltales, zeugen ähnliche Funde davon, dass es bereits vor vielen Jahrtausenden der Homo erectus, und in seiner Folge die steinzeitliche Gesellschaft, verstand, die Kraft des Feuers auch zum Zubereiten von Speisen zu nutzen. Wenn man will, kann man darin den Beginn des Kochens sehen. Sie ist eine der wichtigsten und ältesten Kulturtechniken der Menschheit.

Die Bedeutung des Kochens in Bezug auf die Entwicklung der Menschheit wird weitgehend unterschätzt. Fest steht jedoch, dass diese Erfindung unter anderem eine Veränderung in der Anatomie des Menschen auslöste. So veränderte sich beispielsweise allmählich der menschliche Kiefer. Er wurde kleiner, weil die Nahrung durch das Kochen weicher wurde, an Härte und Zähheit verlor. Und diese Veränderung im Rachenraum begünstigte wiederum die Entwicklung von Zunge und Stimmbändern. Sie beeinflusste also damit die Entwicklung der Sprache positiv.

Nicht zu vergessen, ermöglichte das Kochen eine erhebliche Erweiterung des Nahrungsangebotes. Denn vieles, was bislang für den menschlichen Verzehr ungeeignet war, wurde genießbar. Schwer verdauliche Wurzeln, Gräser, Blätter, aber auch im rohen Zustand ungenießbare oder gar giftige Tiere, Beeren und Pilze veränderten sich durch das Kochen und eigneten sich dadurch für den menschlichen Verzehr.

Ganz bestimmt hat sich auch die sterilisierende Wirkung durch das Garen der Speisen günstig auf die Gesundheit unserer Vorfahren ausgewirkt. Außerdem ließ sich Gekochtes länger aufbewahren. Konservieren durch Erhitzen.

Diente am Anfang der Menschheitsgeschichte die Nahrungsaufnahme lediglich der Erhaltung des Lebens, so kam durch das Kochen ein emotionaler Faktor hinzu. Denn durch das Erhitzen von pflanzlichen und tierischen Produkten entstehen Geschmacksstoffe, die vom reinen Verzehr zum genießenden, bewussten Essen führten. Die chemischen Abläufe, die dahinter stecken, blieben den Urmenschen natürlich verborgen. Nicht aber die sichtbaren Veränderungen, welche die Nahrungsmittel durch das Kochen durchliefen. Fett wird weich und flüssig, Eiweiß gerinnt, Haut, Sehnen und Knochen gelieren.

Die älteste Form des Kochens bestand sicherlich darin, Fleischstücke über einer Flamme zu bewegen. Ähnlich unserem heutigen Grillen. Auch auf Steinen, die im Feuer

Tongefäße, wie sie zur Zeit der Kelten verwendet wurden.

In Tongefäßen wurden über dem Feuer Speisen zubereitet.

erhitzt wurden oder in der Glut der Feuerstelle konnte der Urmensch Fleisch, Körner und Eier rösten.

Erst als es die frühen Menschen verstanden, aus Lehm Gefäße zu formen und diesen durch Brennen Stabilität und Haltbarkeit zu geben, schlug die Geburtsstunde des Kochens im eigentlichen Sinn. Nämlich das Erhitzen von Nahrungsmitteln in Flüssigkeit.

Alles, was wir heute über das Kochen in frühester Zeit wissen, verdanken wir fast ausschließlich den Archäologen. Sie vermögen durch ihre Schlüsse aus entsprechenden Funden, die Lebensumstände unserer Vorfahren in allen Lebensbereichen zu erhellen.

Erst durch die Erfindung der Schrift sind gelegentlich auch Aufzeichnungen über Nahrungsmittel, Speisen, Kochkunst und Essgewohnheiten früher Hochkulturen auf uns überkommen. Griechische, vor allem aber römische Schriftsteller widmeten sich dann schon vermehrt diesem Lebensbereich.

Im Mittelalter, herauf bis zur Neuzeit, konnten sich nur der Adel, die wohlhabende Bürgerschaft und die reichen Handelsherren eigene Köche leisten. Im Gegensatz dazu stand in den Häusern der einfachen Bürger, Handwerker und Bauern die Hausfrau selbst am Herd. Vielleicht noch unterstützt von einer Magd oder den eigenen Töchtern, auf die in dieser Weise das Wissen um die Zubereitung der Speisen überging. In den verschiedenen Regionen Europas entwickelten sich eigene Gerichte und Kochmethoden, die vor allem durch die jeweils verfügbaren regionalen Lebensmittel bestimmt wurden. Mit der Mechanisierung und Verbesserung der landwirtschaftlichen Produktion sowie neuer Techniken zur Lagerung und Konservierung von Lebensmitteln erfuhr das Kochen eine spürbare Veränderung. Bekannte Rezepte wurden abgewandelt und verbessert, neue Gerichte entstanden. Die Kochkunst unterliegt seitdem einem ständigen Wandel.

Politik und wirtschaftliche Veränderungen (zwischen 1803 und 1880)

Die Aufzeichnungen in den beiden von Hand geschriebenen Kochbüchern entstanden etwa in der Zeit zwischen 1830 und 1880. Zum besseren Verständnis der Lebensumstände der Menschen, die zu der Zeit lebten, arbeiteten und eben auch Speisen zubereiteten, scheint es angebracht, die politischen, wirtschaftlichen und sozialen Gegebenheiten dieses Zeitabschnittes zu beschreiben und zu erläutern. Ein Zeitraum, der selbst im Bayerischen Wald, fernab der Macht- und Kulturzentren, allerdings mit der üblichen zeitlichen Verzögerung tief greifende Veränderungen brachte.

Zu Beginn des 19.Jahrhunderts hatten die napoleonischen Kriege mit den mehrfach wechselnden Bündnissen und Machtkonstellationen großes Leid über Europa gebracht. Als Ausfluss dieser Geschehnisse wurde in Bayern 1803 die Säkularisation durchgesetzt. Das heißt, die Verstaatlichung der über lange Zeit erheblich angewachsenen Kirchengüter wurde von höchster Stelle angeordnet. Sämtliche Klöster wurden geschlossen, der Kirchenbesitz wurde größtenteils versteigert, verhökert, unprofessionell verramscht. Wertvollstes Kulturgut ging dabei unwiederbringlich verloren. Alte Strukturen wurden aufgebrochen, das überkommene Ordnungsgefüge war in weiten Bereichen empfindlich ins Wanken geraten.

Als letztes wurden schließlich auch die Hochstifte aufgelöst. Dem letzten Fürstbischof von Passau, Leopold Leonhard Raimund Graf von Thun und Hohenstein (1796–1803), wurde sein Herrschaftsgebiet genommen, das sogenannte „Abteiland“, welches als einziges Gebiet in Niederbayern von einem Bischof regiert wurde. Das Land zwischen Ilz, Donau und der Grenze zu Böhmen wurde aufgeteilt. So wurde der weitaus größte Teil, zu dem auch Waldkirchen gehörte, zunächst dem Großherzogtum Salzburg-Toskana zugeschlagen. Aber bereits 1805 fiel, aufgrund von neuerlichen Friedensverhandlungen, das gesamte ehemalige Passauer Hochstift an Bayern, das 1806 zum Königreich erhoben wurde.

Die Veränderungen, die damit einhergingen, griffen tief ins Leben der ehemaligen „Bistümler“ ein, aus denen jetzt Bayern geworden waren. So wurden beispielsweise durch die, vor allem von Montgelas vorangetriebene und dann auch verfügte, „kirchliche Erneuerung“ die kirchlichen Feiertage gewaltig dezimiert. Zahlreiche überlieferte Bräuche wurden verboten, Prozessionen untersagt. Aber auf Dauer ließ es sich nicht verhindern, dass nach einem ersten rigorosen Schnitt vieles von dem alten Brauchtum allmählich wieder auftauchte und praktiziert wurde.

Unter König Max Josef erfolgte schließlich die Aussöhnung mit Rom. Daraufhin wurde eine bayerische Landeskirche errichtet, und der Landesherr besetzte die verwaisten Bischofsstühle neu. Nach dem Tod von Max Josef 1823 bestieg König Ludwig I. den bayerischen Thron. In seiner Regierungszeit machten viele technische Neuerungen und Erfindungen von sich reden. Der Beginn des Industrie- und Technikzeitalters zeichnete sich ab. 1835 fuhr die erste Eisenbahn zwischen Nürnberg und Fürth. Zwei Jahre später verlegte man erstmals eine Telegraphenleitung. Eisenwerke entstanden. 1842 war die Walhalla fertig gestellt. Der „Ludwig-Donau-Main-Kanal“ zwischen der Regnitz und der Altmühl konnte 1845 eingeweiht werden. Diese ehrgeizigen Unternehmungen hatten die Staatskasse arg strapaziert. Und so folgte eine allgemeine Teuerungswelle, welche die Menschen auf die Straße trieb. So kam es landesweit zu Aufständen, weil beispielsweise der Preis für eine Mass Bier von vier auf sechs Kreuzer gestiegen war.

Obwohl Ludwig I. für alles Technische aufgeschlossen war, sah er vor allem die Landwirtschaft als tragende Säule im bayerischen Wirtschaftssystem. Das wurde sogar bei der Bezahlung der Professoren deutlich, die an den bayerischen Universitäten lehrten. Die bekamen nämlich in seiner Regierungszeit noch einen Teil ihres Lohnes in Scheffel Getreide ausbezahlt.

Das ganze Land befand sich im Umbruch. Während zwischen Augsburg und München ab 1840 bereits die Eisenbahn Menschen und Güter beförderte, wurde Donau und Inn aufwärts der ungarische Weizen noch getreidelt. Pferde zogen die schweren Lastkähne bis Tirol hinauf.

Und was war mit dem Bayerischen Wald? Technische Neuerungen, Mechanisierung, gar Industrialisierung fanden nur langsam, mit einer gehörigen zeitlichen Verzögerung den Weg ins Waldgebirge. Triftkanäle wurden gebaut, Sägewerke entstanden allenthalben, in den neu eingerichteten Steinbrüchen fanden die Menschen Arbeit. Gegen Ende des 19. Jahrhunderts erschloss schließlich die Eisenbahn den Wald und schuf eine neuartige, leistungsstarke Verbindung zwischen Bayern und Böhmen.

In einer wirren, bewegten Zeit mit Aufständen und Revolutionen folgte König Max II. 1848 auf den bayerischen Thron. Seinen größten politischen Verdienst sieht man heute in der Umsetzung der Forderungen, die in der sogenannten „Märzrevolution“ aufgestellt worden waren. Dabei wirkten sich einige Punkte ganz entscheidend aus auf das Leben der einfachen Leute. Dazu gehörte die Aufhebung der Grundherrschaft. Aus Grundholden wurden Grundeigentümer. Außerdem lag ab jetzt die gesamte Gerichtsbarkeit in Händen des Staates.

Nach dem Tod von Max II. 1864 wurde der erst achtzehnjährige Ludwig II. als bayerischer König in die Pflicht genommen. Bekanntlich lag ihm die Errichtung seiner Schlösser Neuschwanstein und Linderhof vordringlich am Herzen. Seit 1868 baute er daran. Trotzdem fallen, weitgehend unbeachtet, wichtige Beschlüsse in seine Regierungszeit, die das Leben der Menschen stark beeinflussten. So wurden ab 1868 zum Beispiel der Erwerb des Heimatrechtes und die Möglichkeit einer Verehelichung wesentlich erleichtert. Die öffentliche Armen- und Krankenpflege wurde durch Gesetz geregelt. Eine neue Gewerbeordnung wurde erlassen. Waren bereits 1809 die Erblichkeit der Meisterstellen aufgehoben und die Zunftstatuten entsprechend überarbeitet worden, so wurde jetzt der Zunftzwang endgültig beseitigt und die Gewerbefreiheit zur Regel gemacht.

Diese Beschlüsse brachten jedoch nicht nur Erleichterungen für die Bevölkerung. Sie wirbelten die über Jahrhunderte tradierte Ordnung in der Handwerkerschaft gehörig durcheinander. Findige Köpfe zogen ihren Nutzen aus den Neuerungen. Anderen wiederum entstand unliebsame Konkurrenz, die so manchen Betrieb in den Ruin trieb.

Als Beispiel dafür mag der Antrag einer Bürgerin dienen, den diese 1859 an den Magistrat von Waldkirchen stellte. Veronika Überreiter ist Oblatenbäckerin und kann „wegen der freien Erwerbsart ihre sechsköpfige Familie nicht mehr ernähren“. Im „Germsieden“ (Hefeproduktion) hat sie ein zweites Standbein gefunden und ersucht nun den Magistrat von Waldkirchen, dies zu genehmigen. Dem Ersuchen wird auch tatsächlich statt gegeben. In der Begründung ist zu lesen: „Um der Gemeinde nicht zur Last zu fallen, flüchtet sie in ein anderes Gewerbe. Das hat sie in der Germsiederei gefunden.“

Zu den Freiheiten mit all ihren positiven und negativen Auswirkungen kamen überdies noch allerlei Verpflichtungen. So wurde 1868 die allgemeine Wehrpflicht eingeführt. Diese ungeliebte Pflicht führte im deutsch-französischen Krieg 1870/71 auch viele junge Männer aus dem Bayerischen Wald an die Front. Frankreich musste nach dem verlorenen Krieg an Deutschland fünf Milliarden Franken als Entschädigung entrichten. Diese gewaltige Summe löste in Deutschland einen großen wirtschaftlichen Aufschwung aus, der sich auch in Bayern bemerkbar machte. Der Siegeszug der Industrialisierung und Technisierung war in allen Bereichen spürbar. Gleichzeitig ging damit allerdings auch das Ende vieler Handwerkszweige einher. Es bildete sich ein neuer Stand heraus: der Arbeiterstand.

Nach diesem kleinen Exkurs in die bayerische Geschichte kann zusammenfassend festgestellt werden, dass der Zeitraum zwischen 1830 und 1880, in dem die beiden Kochbücher entstanden, eine Zeit großen Umbruchs war. Eine Zeit mit vielen Neuerungen, die auch auf das Leben der Menschen, auf das Sozialgefüge erhebliche Auswirkungen hatte. Eine interessante Zeit.

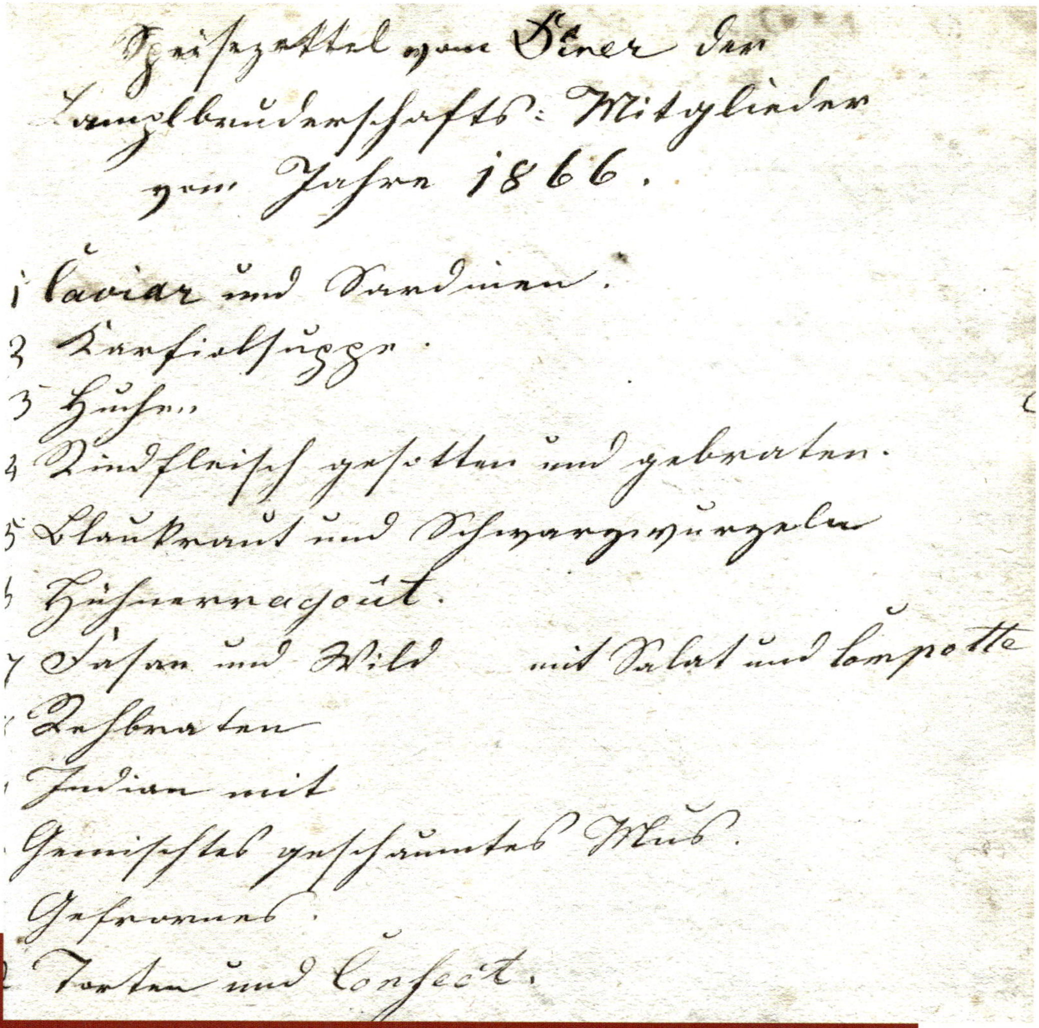
Speisezettel vom Diner der
Lamplbruderschafts: Mitglieder
vom Jahre 1866.

1 Caviar und Sardinen.
2 Kerfielsuppe.
3 Huchen
4 Rindfleisch gesotten und gebraten.
5 Blaukraut und Schwarzwurzeln
6 Hühnerragout.
7 Hasen und Wild mit Salat und Compotte
Rehbraten
Indian mit
Gemischtes geschäumtes Mus.
Gefrorenes.
Torten und Confect.

„Speisezettel vom Diner der Lamplbruderschafts-Mitglieder vom Jahre 1866“ aus dem „Meindl’schen Kochbuch“.

Die deutsche Kochbuchliteratur

Aus dem Mittelalter sind nur ganz wenige handschriftlich abgefasste Kochrezepte erhalten. Vor allem wohl deswegen, weil die Köche in dieser Zeit mit Büchern in der Regel nicht viel anfangen konnten. Für gewöhnlich waren sie weder des Lesens, noch des Schreibens kundig. In den Klöstern und Adelshäusern gaben die Küchenmeister ihr Wissen mündlich und durch die praktische Arbeit am Herd an die nachwachsende Kochgeneration weiter. Learning by doing. Die geringe Zahl an Rezeptsammlungen, die aus der Zeit des Mittelalters auf uns überkommen sind, weisen nur wenig präzise Angaben zu Mengen, Temperatur und Garzeiten aus.

Außerdem wurden ohnedies ausschließlich Kochanweisungen zu nicht alltäglichen Gerichten aufnotiert. Darunter fielen beispielsweise ausgefallene Fastenspeisen, oder Gerichte, denen man eine heilende Wirkung nachsagte.

Gegen Ende des siebzehnten Jahrhunderts wurden dann schon häufiger Rezepte und Kochanweisungen aufgezeichnet. In dieser Zeit fand auch bereits die französische und italienische Kochkunst Eingang in die deutsche Küche. Vor allem die Zubereitung verschiedener Saucen wurde übernommen.

Sind bis etwa 1800 die wenigen Kochbücher ausschließlich mit Tinte und Federkiel auf meist handgeschöpftes Papier geschrieben worden, so erschienen nach der napoleonischen Zeit, ab circa 1815, bereits einige wenige gedruckte Kochbücher. Allerdings waren auch hier die Angaben zu Mengen, Gewichten und zum Zeitaufwand noch sehr ungenau. Zudem sind im neunzehnten Jahrhundert Rezepte, die sich auf bestimmte Regionen bezogen, noch ausgesprochen rar. Bis gegen Ende des neunzehnten Jahrhunderts ändert sich dies.

Eines der bedeutsamsten Kochbücher dieser Zeit verfasste Johann Rottenhöfer (1806–1872). Er war „Mundkoch" und später dann Haushofmeister der bayerischen Könige Maximilian II. und Ludwig II. Rottenhöfer veröffentlichte Rezepte zur gehobenen höfischen Küche, die oft abgeschrieben und dabei häufig leicht verändert wurden. Noch lange nach seinem Tod übernahmen die Köchinnen und Köche seine Rezepte. Vor allem jene, die in der „gehobenen Gastronomie" der bekannten Gasthäuser in den Städten und Märkten am Herd standen.

Mit dem Ende des neunzehnten Jahrhunderts nimmt die Anzahl gedruckter Kochbücher sprunghaft zu. Rezepte gibt es jetzt im Überfluss. Zudem besinnt man sich mit der Reichsgründung 1871 auch in den Kochbüchern verstärkt der nationalen Rezepte, regionaler Produkte und Eigenheiten. Maße und Gewichte werden vereinheitlicht und in Umrechnungstabellen verdeutlicht.

Seit Beginn des zwanzigsten Jahrhunderts, bis herauf in die Gegenwart, erschien eine schier nicht mehr überschaubare Menge unterschiedlichster Kochbücher.

Die „Küche" – ein doppeldeutiger Begriff

Der Begriff „Küche" ist mit zwei unterschiedlichen Bedeutungen belegt. So können damit die kulinarischen Besonderheiten eines Landes oder einer Region gemeint sein. Man spricht zum Beispiel von der französischen, der italienischen oder der bayerischen Küche. Hierbei werden die Unterschiede in erster Linie geprägt von den landwirtschaftlichen Erzeugnissen, den Produkten und Zutaten, vielleicht auch den Gewürzen, die für einen bestimmten Landstrich unverwechselbar typisch sind. Bis weit in das 19. Jahrhundert hinein musste man schon das Land bereisen, dessen Küchenspezialitäten man genießen wollte. Dieser Aufwand, eines Gaumenreizes wegen, muss heute nicht mehr getrieben werden.

Durch eine zunehmende Globalisierung sind diese reizvollen Unterschiede verwischt worden oder vollkommen verloren gegangen. Eine gigantische Vielfalt an exotischen Früchten und Gewürzen, an Fischen aus weit entfernten Meeren steht dem Verbraucher zu jeder Zeit, an jedem Ort und in beliebiger

Auf den regelmäßig abgehaltenen Wochenmärkten werden viele Produkte angeboten, die meist aus der Region kommen. Vor allem mit frischem Obst, Gemüse und allerhand Küchenkräutern kann sich hier die Hausfrau und Köchin versorgen.

Menge zur Verfügung. Vordergründig mag das als Gewinn betrachtet werden. Zugleich stellt dieser Umstand aber auch einen herben Verlust an regionaler Identität dar.

Im herkömmlichen Sinn versteht man jedoch unter „Küche" den Raum innerhalb eines Gebäudes, der überwiegend der Zubereitung von Speisen dient. So, wie sich Rezepte je nach Region voneinander unterscheiden, so vielfältig stellen sich auch die Räume dar, in denen gebrutzelt und gebraten wurde. Sie spiegeln in ihrer Form, Ausstattung und der Art der Nutzung die gesellschaftlichen Strukturen wider.

In frühester Zeit, als die Gebäude fast ausschließlich aus Holz errichtet waren, spielte sich das Leben einer Sippe überwiegend in einem einzigen Raum ab. Hier wurde gearbeitet, geschlafen, gegessen und eben auch gekocht. Mitten in diesem Multifunktionsraum, unter dem First, lag die von Steinen umgebene Feuerstelle. Sie versorgte die Bewohner mit Licht und Wärme und diente außerdem zum Kochen. Der Rauch zog durch eine Öffnung im Dachgiebel ab.

Im Laufe der Jahrhunderte setzte sich die Ausgliederung der Kochstelle aus dem eigentlichen Wohnraum durch. Immer wieder waren im Mittelalter die Küchen mit ihren offenen Feuerstellen Ausgangspunkt für verheerende Feuersbrünste. Deshalb wurden im 17. und 18. Jahrhundert in den Städten mit ihrer dichten Bebauung Vorschriften erlassen, die offene Feuerstellen untersagten. Das war

In frühesten Zeiten lag die Feuerstelle, über der auch die Speisen zubereitet wurden, im Zentrum des Hauses (Keltendorf Gabreta).

In frühen Zeiten gab es in den „Kochnischen" einen gemauerten Block, auf dessen Steinen ein offenes Feuer brannte. Darüber wurde der dreibeinige „Pfannenhund" gestellt, auf dem dann die Töpfe und Schüsseln mit den Speisen standen. Der Rauch zog durch eine weite Öffnung in der Decke ab.

Die Kochstelle war in die Stube integriert und diente zugleich als Arbeitsplatz der kochenden Bäuerin und der Küchenmägde.

die Geburtsstunde des Kachelofens als Wärmequelle und des gemauerten Herdes, mit seinem geschlossenen Feuerraum, als Kochstelle. Mit dem Bau fester Häuser aus Stein entwickelte sich der gemauerte Kamin als Rauchabzug. Schon relativ früh waren in den Häusern der wohlhabenden Bürgerschaft Küche und Essraum getrennt.

Im ländlichen Raum dagegen, draußen in den Dörfern, war das anders. Die immer noch offene Feuerstelle mit dem nach unten offenen Kamin, dem „Rauchfang", wie man ihn im Bayerischen Wald nannte, wurde an die Außenwand verlegt. Der beißende Rauch waberte zumindest im oberen Bereich durch die Schwarzküche, die „Rauchkuchl". In entlegenen Höfen Südtirols, im alten bayerischen Siedlungsgebiet, kann man diese alte Form der Küche heute noch gelegentlich antreffen. Ein hoher Raum, von Rauch und Ruß geschwärzt. Unter der Decke, einiges über Kopfhöhe, hingen die Würste und das gepökelte Fleisch im Rauch. Dadurch wurden sie geselcht und haltbar gemacht. In dem Qualm musste aber auch die Hausfrau das Essen zubereiten. Das war natürlich sehr unangenehm und griff auf Dauer mit Sicherheit auch die Gesundheit an.

Deshalb setzte sich in den Bauernhöfen und bei den einfachen Leuten die sogenannte „Stube", als eine Art „Einraumlösung" durch und hat vielfach bis in unsere Zeit herein Bestand. Sie war Koch-, Ess- und Aufenthaltsraum in einem.

Die Ausstattung der Küchen war anfangs vergleichsweise spärlich. Nur wenige Gerätschaften standen zum Braten, Kochen und zum Erwärmen der Speisen zur Verfügung. Im Mittelalter beschränkte sich dies im Wesentlichen auf den drehbaren Spieß und den Kessel über dem Feuer. Später kamen dann irdene Töpfe und aus Eisen geschmiedete Pfannen dazu. Die standen zum Garen der Speisen auf eisernen Dreibeinen, den sogenannten

Auf dem dreibeinigen, eisernen „Feuerhund“ steht eine Messingschüssel für das Schmalzgebäck. Daneben drei langstielige Messingkasserolen.

Gusseiserne Herdplatte mit Ofenringen und Wasserschiff (links) zum Wärmen des Wassers.

„Pfannen- oder Feuerhunden“. Damit ließ sich die Temperatur besser dosieren.

Im 19. Jahrhundert dominierten dann bald die geschlossenen, gemauerten Herde. Sie waren sicherer und auch wirtschaftlicher, weil Holz und Kohle als Heizmaterial besser genutzt werden konnten. Ausgerüstet waren sie mit mehreren abnehmbaren Eisenringen über der Feuerstelle. Dadurch konnte die Kochöffnung verändert und die Temperatur gesteuert werden. Außerdem gehörten noch ein Bratrohr und ein Wasserschiff zum Erwärmen des Wassers zur Grundausstattung. Das alles erleichterte die Arbeit in der Küche beträchtlich und verkürzte zudem die Kochzeiten um einiges.

Um die Mitte des 19. Jahrhunderts hielt dann eine grandiose Neuerung Einzug in die Küchen. Der bewegliche, transportable Herd. Das ausschamottierte Eisengestell mit verschließbaren Türen zur Feuerung und zum Aschekasten, mit einem Bratrohr und dem Anschluss über ein Metallrohr zum Kamin, revolutionierte die Küche. Dieser „Sparherd“, wie er anfangs genannt wurde, erleichterte jeder Hausfrau das Kochen und Braten nach Rezepten aus den Kochbüchern. Jetzt gelang plötzlich Vieles, selbst wenn man das Kochen nie erlernt hatte. Allerdings galt es, zunächst einige Erfahrung zu sammeln im Umgang mit dem neuartigen Kochgerät. Es konnte durchaus einige Zeit dauern, bis man alle Eigenheiten im Griff hatte und die Möglichkeiten in vollem Umfang beherrschte. Wenn das schließlich der Fall war, dann ließen sich auch die Temperatur und die Garzeiten richtig abschätzen.

Wenn also in den beiden handgeschriebenen Kochbüchern präzise Zeit- und Temperaturangaben häufig fehlen, dann ist das mit der Konstruktion des Küchenherdes zu erklären, an dem die Köchinnen hantieren mussten, mit dessen individuellen Eigenheiten sie zurecht kommen mussten. Die Köchin im 19. Jahrhundert musste daher ständig am Herd stehen und durfte die Speisen, die sie zubereitete, nicht aus den Augen verlieren. Optische Veränderungen, wie ein Farbwechsel des Kochgutes und akustische Wahrnehmungen, wie das Zischen, Brodeln und Saugen, gaben Auskunft über den Grad der Fertigstellung von Speisen.

Die Küche als Raum diente im 19. Jahrhundert ausschließlich einer Funktion: Dem Kochen, Backen und Braten. Im Gegensatz dazu mutiert sie heute zunehmend zum Ausdruck des individuellen Lebensstils. Sie strotzt mit ihrem „Maschinenpark“ vor Technik. Die Küche wird zur „Kochlocation“.

Viel hat sich geändert in der Küche bis zum heutigen Tag.

Hobbyköche und -köchinnen können heute auf ausgezeichnete Schneidewerkzeuge zurückgreifen.

Eine moderne Küchenausstattung erleichtert der Hausfrau heute die Arbeit ganz wesentlich. Vor allem zeitgemäße Küchenmaschinen führen zu einer enormen Zeitersparnis.

Der Bayerische Wald - ein kulinarisches Niemandsland?

Mitunter herein bis in die Gegenwart haben die Bewohner des Bayerischen Waldes mit allerhand Vorurteilen zu kämpfen. Über Jahrhunderte hinweg galt dieser Landstrich als das „Armenhaus Bayerns". Abgelegen, schlecht erreichbar. Ober- und außerbayerische Augen sahen immer schon in weiten Teilen Niederbayerns, besonders in den Gebieten jenseits der Donau, eine eher ärmliche, etwas rückständige Gegend. Und je weiter man sich in den „Wald" hinein begäbe, in Richtung Grenzgebirge nach Böhmen, desto armseliger, desto schlimmer würde es werden. Da ist das Klima rau, sind die Winter fürchterlich lang, und dem steinigen Boden lässt sich kaum das Existenzminimum abtrotzen. Die Bewohner gelten seit jeher als verschlossen, genügsam, nicht unbedingt gebildet, aber fleißig. Ideale Dienstboten.

Manche dieser Ansichten mögen in Teilen der Wirklichkeit entsprechen. Viele aber sind grundfalsch. Klischeevorstellungen eben! Derlei oberflächliche Wertungen beruhen selten auf dem eigenen Erleben. Negative Einschätzungen, angereichert mit Übertreibungen und Vermutungen, werden allemal lieber kolportiert, als schmucklose Tatsachen. Auf solch schiefe Meinungen über den Bayerischen Wald und die schwer ausrottbaren Vorurteile gegenüber seinen Bewohnern kann man bis in unsere Zeit herein treffen. Sie sind noch immer in vielen Köpfen fest und zäh verankert.

Nur ganz allmählich begann sich in den letzten Jahrzehnten der Nebel aus starren Vorurteilen zu heben, änderte sich die Meinung über eine der schönsten deutschen Urlaubsregionen. Viele Gäste entdeckten den „Woid" für sich. Und mit der persönlichen Erfahrung änderten sich auch die Ansichten, bröckelten die Vorurteile. Ganz erheblich trug dazu die Öffnung der Grenzen zu den östlichen Nachbarn bei. Plötzlich und gänzlich unerwartet geriet der Bayerische Wald aus seiner misslichen Randlage am „Eisernen Vorhang" in einen zentraleuropäischen Bereich. Heute schätzen die zahlreichen Urlaubsgäste aus nah und fern die Ruhe in einer reizvollen, sanft schwingenden Hügellandschaft sowie die geradlinige, heitere Offenheit der „Weidler".

Vielleicht kann dieses Buch einen kleinen Beitrag dazu leisten, das Bild vom Bayerischen Wald, hier vor allem aus kulinarischer Sicht, etwas zurechtzurücken. Es beschäftigt sich mit der Küche, mit dem Kochen im „Woid" um die Mitte des 19. Jahrhunderts und kann so zeigen, dass die Gegend zwischen der Donau und dem Grenzgebirge zu Böhmen keineswegs ein „kulinarisches Brachland" war. Die interessanten, für diesen Landstrich typischen und zum Teil in Vergessenheit geratenen Rezepte in den zwei handgeschriebenen Kochbüchern aus Waldkirchen, belegen dies. In einer Vielzahl der Koch- und Backanweisungen werden darüber hinaus sowohl die politischen und gesellschaftlichen Gegebenheiten des 19. Jahrhunderts, als auch die besondere geografische Lage spürbar. Dabei lässt sich bei genauerer Betrachtung feststellen, dass es nach einer groben Einteilung, damals wenigstens, drei recht unterschiedliche Schichten in der Gesellschaftsstruktur gab. Diese Tatsache findet selbstverständlich auch in der Küche ihren Niederschlag. So kann man aus den Speisen, die beim wohlhabenden Bürgertum, bei der bäuerlichen Bevölkerung oder bei dem großen Teil der eher armen Leute auf den Tisch kam, diese soziale Gliederung deutlich ablesen.

In den Hochlagen des Bayerischen Waldes war das Leben hart. Die kargen Böden gaben nur wenig her, und die klimatischen Bedingungen waren ungünstig.

Die „Dreiklassenküche“

Karg und eintönig – „Das Arme-Leute-Essen“

Neben dem wohlhabenden Bürgertum in den Städten und Märkten und einem mehr oder weniger begüterten Bauernstand gab es im 19. Jahrhundert eine ständig wachsende Schicht derer, die um ihre Existenz bangen mussten, denen es wirtschaftlich nicht gut ging. Das waren die Taglöhner, Häusler, Austrägler, die Witwen und Inwohner. Vor allem aber die Bewohner der grenznahen Orte in den Höhenlagen des Bayerischen Waldes. Auch am häuslichen Herd regierte hier die Not. Der karge Boden, der dem Wald in mühevoller Arbeit abgerungen worden war, gab wenig her. In manchen Jahren überzog der Winter mit seinen Schneemassen bis in den Mai hinein die schmalen Fluren. Deshalb wurden die spät gesetzten Kartoffeln, als wichtigstes Grundnahrungsmittel, bis zum ersten Schnee im September nicht erntereif. Getreide reifte in diesen Höhenlagen ohnedies kaum. Missernten durch zu viel Nässe im Sommer verschärften dann noch die Lage. Im Stall der Kleinhäusler standen meist nur ein bis zwei Kühe. Dazu kamen, wenn es gut ging, vielleicht noch einige Schafe, Ziegen und etliche Hühner.

Typisches Waidlerhaus an den Hängen des Dreisessels.

Was sich daraus gewinnen ließ an Milch, Rahm, Butter, Schmalz und Eiern musste für die meist kinderreichen Familien als Versorgungsgrundlage ausreichen. Häufig war es sogar notwendig, einen großen Teil dieser Produkte zu verkaufen, um etwas Geld für andere dringend notwendige Anschaffungen zu erwirtschaften.

Kochrezepte wurden von diesen armen Leuten verständlicherweise nicht aufgeschrieben. Über ihren schmalen Speiseplan, der von Not und Armut geprägt war, erfahren wir lediglich von Dritten. So berichtet der Krummauer Forstbeamte Ernst Mayer, der die Forstarbeit in den Wäldern nahe der Grenze betreute, unter anderem auch über das Essen der Holzhauer. Wenn es die Entfernung zuließ, brachten die Frau oder die Kinder der Holzknechte das Essen. Es bestand aus Kartoffeln oder Knödeln mit Rauchfleisch, Brot, Käse, Schmalz und Salz. Eigentlich ganz ordentlich, herzhaft und ausreichend. Aus dieser „Speisefolge" lässt sich schließen, dass zumindest die Holzarbeiter ein einigermaßen gesichertes Auskommen hatten. Denn seitdem im 19. Jahrhundert damit begonnen wurde, die Wälder systematisch zu bewirtschaften, gab es Arbeit in den Forsten. Viele Kleinbauern fanden jetzt eine auskömmliche Beschäftigung. Das linderte die Not.

Auch die Volksdichterin Emerenz Meier berichtet in ihren ausdrucksstarken Erzählungen gelegentlich vom Elend der armen Bevölkerung.

Ein überlieferter Speisezettel aus dem Jahr 1850 gibt Aufschluss darüber, wie wenig abwechslungsreich, wie einseitig und nährwertarm das Essen war, das im Laufe einer Woche auf den Tisch der einfachen Leute kam:

Montag (Moda)
In der Früh a Wasserschnalzn mit Zwiebel aufbrennt und Erdäpfel dazua, zu Mittag Krautknödl, auf d'Nacht a Brennsuppn.

Dienstag (Irda)
In der Früh a Wassersuppn mit Mehl aufbrennt und Erdäpfl dazua, zu Mittag an Würgla (Kartoffelschmarrn), auf d'Nacht a Zwiebelsuppn.

Mittwoch (Midicha)
In der Früh a Brotsuppn mit Zwiebel aufbrennt und Erdäpfl, zu Mittag Drahdewichspfeiferl (gedrehte Nudeln), auf d'Nacht a Trebernsuppn.

Donnerstag (Pfinster)
In der Früh a Schnittlsuppn, zu Mittag Rohrstangl (Mehlspeise) auf d'Nacht an Erdäpflbrei.

Freitag (Freida)
In der Früh a süaße Milisuppn, zu Mittag g'sottne Kletzn mit Knödl, auf d'Nacht a sauerne Suppn. De hat ganz grea und blau g'schillert, ois wia a Stausee.

Samstag (Samsta)
In der Früh a Bröcklsuppn, zu Mittag Flinstoana (Schmalzgebäck), auf d'Nacht a Brühsuppn vom Metzger mit griema Doag (Suppeneinlage, ähnlich Spätzle).

Sonntag (Sunda)
In der Früh a Milisuppn, zu Mittag a halb's Pfund Rindfleisch (für sechs Personen), da hat no soviel Suppn übrig bleibn müassn, dass ma auf d'Nacht no a eikochte Suppn kriagt ham.

Am Kirta, z'Weihnachtn, Ostern und Pfingstn hat's an Kaffee gebn.

In dieser Art der Ernährung steckten wirklich kaum ausreichend Kalorien. Der Hunger zeigte sich als ständiger Begleiter. Für viele Menschen war das wahrlich keine „gute, alte Zeit".

Frauenberg-Anwesen im Winter.

„Der beste Koch ist der Hunger“, schreibt Maria Reschauer in ihrem Kochbuch unter anderem.

Missernten, wie in den Jahren 1845/46, verschlimmerten oftmals noch die Situation. Die daraus resultierende Verknappung von Lebensmitteln führte zudem zu einer Verteuerung. Und das traf die untersten Schichten am stärksten. Die Not, nicht nur in den unwegsamen, hoch gelegenen Gebieten des Bayerischen Waldes, war oftmals erdrückend groß. So mancher Familienvater versuchte in seiner Verzweiflung auf verbotene Art und Weise seine Familie zu versorgen. Die Wilderei in den tiefen Wäldern und der Schmuggel über die nahe Grenze zu Österreich und nach Böhmen blühten in dieser Zeit.

Das Überleben im Bayerischen Wald wurde erst durch die Einführung der Kartoffel in der zweiten Hälfte des 18. Jahrhunderts wesentlich erleichtert. Bis zu diesem Zeitpunkt gab es immer wieder Hungersnöte, denen vor allem die Alten, Schwachen und viele Kinder zum Opfer fielen. So wird berichtet, dass noch im strengen Winter 1741 in Frauenberg, einem Ort nahe der böhmischen Grenze, eine ganze Familie verhungerte. „Seht das Elend dieser neuen Häuser“, schrieb der Waldkirchner Geistliche ins Sterbebuch.

Die bäuerliche Küche

Aus der Feder einer Bäuerin, der Frau Maria Reschauer aus Saßbach bei Waldkirchen, stammen die Rezepte in einem zweiten, wesentlich weniger umfangreichen, kleinformatigen Kochbuch. Es entstand etwa zur gleichen Zeit, wie die „Meindl'sche" Rezeptsammlung. Die Einträge nehmen 1867 ihren Anfang und enden 10 Jahre später, 1877. Auf 124 Seiten sind rund 200 Koch- und Backanweisungen zusammengetragen. Aus ihnen lassen sich interessante Erkenntnisse gewinnen bezüglich der Lebensweise der bäuerlichen Bevölkerung draußen in den Dörfern.

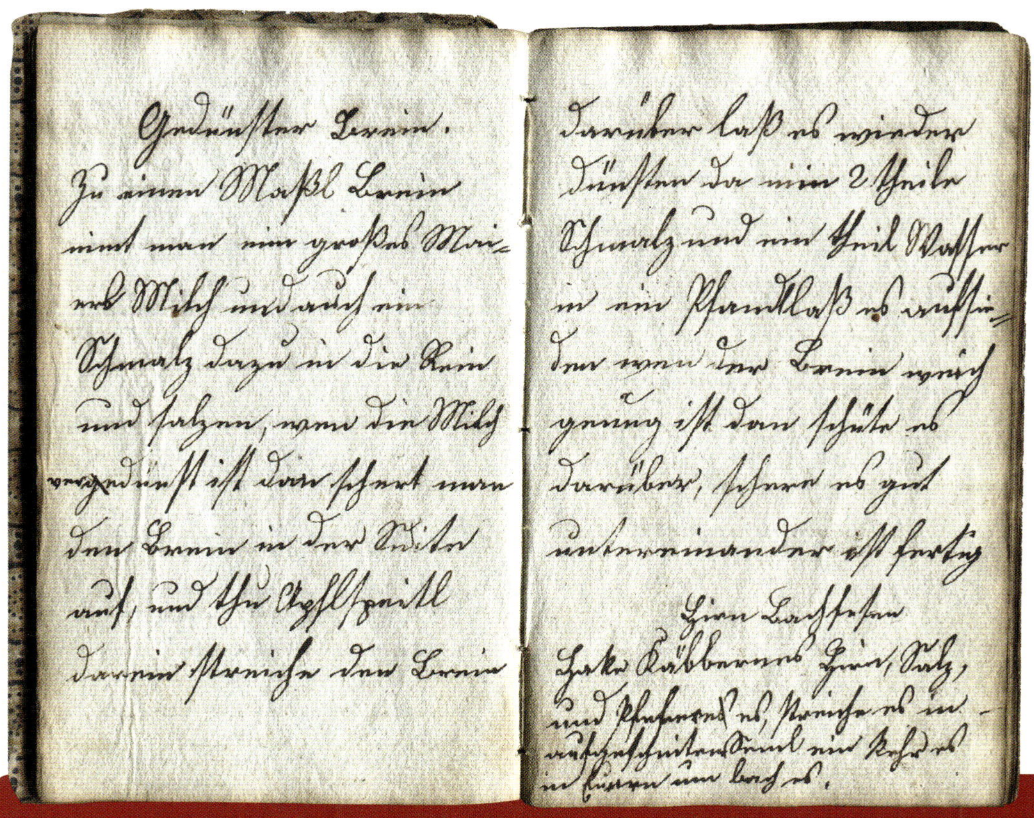

Im kleinformatigen Kochbuch der Maria Reschauer findet sich auch ein Rezept für die Zubereitung von Brein (Hirse), der im 19. Jahrhundert im Bayerischen Wald noch vielfach angebaut wurde.

Die Reichhaltigkeit der bäuerlichen Küche hing ganz entscheidend ab von der Größe eines Hofes, von der Qualität des Bodens, von seiner geografischen Lage und den damit verbundenen klimatischen Gegebenheiten. Der Reschauer-Hof hatte beispielsweise neben den Waldungen mit seinen ca. 62 Tagwerk Ackerfläche und Wiesen eine für die damalige Zeit recht ansehnliche Größe. Etwa 10 Kühe standen im Stall. Dazu kamen etliche Jungtiere sowie zwei Pferde und vier Zugochsen für die Arbeit auf den Feldern. Zum Vergleich: Heute bewirtschaftet die Familie Reschauer 68 Hektar Grund, und im Stall stehen 140 Rinder. Ohne Maschinen wäre das nicht zu schaffen. Vor etwa 150 Jahren lebten und arbeiteten auf dem Hof, neben den Besitzern mit ihren Kindern und den Austräglern, im Durchschnitt vier Knechte

(Bild oben) Saßbach nach 1900. Auf den Feldern rings um die Dörfer gediehen die verschiedenen Feldfrüchte, die überwiegend zur Selbstversorgung benötigt wurden. Bei den beiden hellen Flächen in der Bildmitte handelt es sich um Leinen, das auch auf dem Reschauer-Hof gewebt und dann auf den „Bloachwiesen“ zum Bleichen ausgelegt wurde.

(Bild Mitte) Die Familie Reschauer vor ihrem stattlichen Hof um 1900.

(Bild unten) Die Tracht, wie sie um 1900 die bäuerliche Bevölkerung auch in Saßbach trug.

und Mägde, die tagtäglich versorgt werden mussten. Das bedeutete wiederum, dass in den Küchen viel Arbeit anfiel. Am Herd stand üblicherweise die Bäuerin, der zumindest eine der Mägde zur Hand ging.

Außer einem geringen Lohn stand den Dienstboten freie Kost und Logis zu. Der Gesindelohn, einschließlich Verpflegung und Unterkunft, betrug zum Beispiel im Jahr 1863 in Waldkirchen und Umgebung 140 Gulden für den Knecht und 120 Gulden für die Magd. Zieht man den Einbehalt für Essen und Unterkunft ab, so blieb nicht viel Bares. Auch die Bezahlung der Tagelöhner im Landbau war kaum auskömmlich. Den Männern wurden pro Tag 36 Kreuzer, den Frauen 24 Kreuzer ausbezahlt.

Die für heutige Verhältnisse ausgesprochen kalorienreiche Kost war der Zeit durchaus angemessen. Denn sie trug der körperlich sehr anstrengenden Arbeit Rechnung, die bei der Bewirtschaftung des Hofes, der Bestellung der Felder, bei der Ernte, beim Mähen und Dreschen, zu verrichten war. Die Lebensmittel und Zutaten, welche die Bäuerin zum Kochen verwendete, beschränkten sich in erster Linie auf die Produkte, die auf dem Hof selbst erzeugt wurden: Milch, Butter, Schmalz, Fleisch, Speck, Eier, Weizen, Hirse, Gerste, Obst und Gemüse. Das Brot wurde im eigenen Backofen gebacken. War mit einem Bauernhof auch noch ein Jagdrecht verbunden, so kam zu Festtagen gelegentlich auch Wild auf den Tisch. Zur Fastenzeit gab es hin und wieder Fisch oder Krebse aus den nahen Bächen. Zugekauft wurde nur sehr wenig. Vor allem waren das Salz, Zucker, Gewürze und „Luxusgüter“, wie Zitronen oder Semmeln.

Aber nicht nur in den Dörfern, auch innerhalb der Ringmauer, die Waldkirchen bis heute umgürtet, gab es im 19. Jahrhundert noch eine erstaunlich große Zahl von Marktbürgern, die nicht nur ein Gewerbe, sondern dazu auch noch eine Landwirtschaft betrieben.

Ein Auszug aus dem Waldkirchner Erntekataster von 1863 gibt exemplarisch Auskunft darüber, was auf den Feldern angebaut wurde, die zum Markt gehörten und wie groß die jeweiligen Erträge waren:

Korn		
Anbau	150	Tagwerk
Aussaat auf 1 Tagwerk	3	Metzen
Ertrag pro 1 Tagwerk	10	Schober
		= 2,5 Schäffel
Gesamtertrag	375	Schäffel
Hafer		
Anbau	132	Tagwerk
Aussaat auf 1 Tagwerk	6	Metzen
Ertrag pro 1 Tagwerk	4	Schober
		= 3 Schäffel
Gesamtertrag	396	Schäffel
Kartoffel		
Anbau	70	Tagwerk
	66	Dezimal
Ertrag pro 1 Tagwerk	20	Schäffel
Gesamtertrag	1413	Schäffel
Flachs und Hanf		
Anbau	37	Tagwerk
	33	Dezimal
Ertrag von rohem Flachs oder Hanf	1494	Zentner
Lein- und Hanfsamen	19	Schäffel
Futtergewinnung		
Anbau	33	Tagwerk
	32	Dezimal
Ertrag in getrocknetem Zustand	800	Zentner
Rüben		
Ertrag	100	Zentner
Wird als Nachfrucht gebaut auf	85	Tagwerk
Wiesen	624	Tagwerk
Ertrag an Heu	20	Zentner
Viehweide	6	Tagwerk
	27	Dezimal
Gartenbau	22	Tagwerk
	85	Dezimal
Summe des landwirtschaftlich benützten Areals	1076	Tagwerk
	78	Dezimal
Waldung	1046	Tagwerk
	31	Dezimal
Holzertrag	1570	Klafter

Außerdem gibt es noch fünf Hopfen-Produzenten. Genannt werden zwischen 1877 und 1880 Pfarrer Bauer, der mit 85 Dezimal und 5 Zentner Ertrag die größte Hopfenanbaufläche bewirtschaftet.

Johann Baumgartner (Gaberl), der auf
32 Dezimal 80 Pfund Hopfen gewinnt
Frau Schuster, 15 Dezimal 40 Pfund
Maria Schmid, 15 Dezimal 30 Pfund
Ernst Brandl, 3 Dezimal.

Seine Hopfenstangen sind im Garten verstreut.

Im Vergleich zu heute waren um die Mitte des 19. Jahrhunderts die Durchschnittserträge wesentlich geringer. Je nach Sorte konnten in den vergangenen 150 Jahren zum Beispiel die Erträge bei Kartoffeln um das Drei- bis Elffache und bei manchen Getreidesorten um das bis zu Zwanzigfache gesteigert werden. Neuzüchtungen, eine intensive Pflanzenforschung, der Einsatz von Maschinen und das regelmäßige Ausbringen nicht unumstrittener Chemikalien ermöglichten diese Entwicklung.

Bienenkörbe unterm Dachvorschuss. Auch den Honig produzierte man selbst.

Das Brot buk man auf den Höfen in der Regel auch selbst.

Backöfen wurden nicht nur zum Brot backen eingesetzt. Nicht selten befanden sie sich im Haus.

Die verschiedenen Obstbäume in der Nähe der Häuser dienten zur Selbstversorgung.

Zur Bestellung der Äcker diente ein Pflug.

Verschiedene Hohlmaße, wie Schäffel und Eimer.

Im Gegensatz zu den meisten Bürgerhäusern versorgte sich die bäuerliche Bevölkerung weitestgehend selbst.

Das Reich der Köchinnen – Die bürgerliche Küche

Der Begriff „bürgerliche Küche“ wurde erst im 19. Jahrhundert geprägt. Er entstammt einer Zeit des gesellschaftlichen Wandels, des sozialen und politischen Umbruchs. Die beginnende Technisierung und Mechanisierung mit ihren vielfältigen Neuerungen eröffnete zunehmend ungeahnte Möglichkeiten. Unvermeidlich damit einher ging jedoch auch der Verlust alter Arbeitsweisen und Handwerkstraditionen. Verschiedene Handwerkszweige wurden gänzlich verdrängt. Maschinen ersetzten die menschliche Arbeitskraft. Die Weber, die Schmiede, die Wagner, die Drechsler und viele andere verloren einen großen Teil ihrer Arbeitsplätze.

Andererseits profitierten zahlreiche Gewerke von der Mechanisierung. Konnten dadurch doch höhere Stückzahlen wesentlich schneller von weniger Menschen produziert werden. Das führte zu steigenden Umsätzen, einer höheren Gewinnspanne. So brachte es so mancher Gewerbetreibender zu ansehnlichem Wohlstand. Auch der Handel mit den verschiedensten Gütern auf den Märkten, aber auch in weiter entfernte Gegenden und über Grenzen hinweg, nahm zu und warf zunehmend Gewinn ab. Erwähnt werden sollen an dieser Stelle beispielhaft die großen Garn- und Viehmärkte in Waldkirchen, die im 19. Jahrhundert mehrmals im Jahr tausende von Käufern anzogen. Die Ursachen für die steigende Nachfrage an Handelsgütern aller Art muss man vordringlich im stark steigenden Bedarf einer stetig wachsenden Bevölkerung sehen.

Damit entstand vor allem in den Städten und Märkten eine verhältnismäßig breite Schicht: Das Bürgertum, das sich nun aufgrund seines Wohlstandes, neben allerlei anderem, ein besseres Essen, besondere Speisen, leisten konnte. Der königliche Hof und die Adelshäuser hatten dabei Vorbildcharakter. Je nach Größe des bürgerlichen Haushalts, je nachdem, wie viele Menschen Tag für Tag versorgt werden mussten, stand die Bürgersfrau selbst am Herd oder überwachte zumindest das Küchenpersonal. Auf jeden Fall legte sie den wöchentlichen Speiseplan

fest, an den sich die Köchinnen zu halten hatten. Dabei war sie erpicht auf Neuerungen, auf besondere Speisen. Deshalb wurden Rezepte gesammelt, ausgetauscht, notiert, ausprobiert, abgeändert und verbessert. Das Renommee der Hausfrau hing im 19. Jahrhundert in erheblichem Maße davon ab, was auf den Tisch kam.

In den Haushalten des gehobenen Bürgertums, bei den Händlern und Kaufleuten, bei den Ärzten, Seifensiedern und Bierbrauern, vor allem aber in den größeren Gastwirtschaften, sorgten ausgebildete Köchinnen für das Essen. Dreizehn Frauen dieses Berufsstandes sind beispielsweise 1875 in Waldkirchen nachweisbar:

Hartl Anna,
beschäftigt beim Handelsmann Josef Jell (14 Personen), Haus Nr. 26 (jetzt Garhammer)

Kerl Anna,
Köchin beim Metzger und Wirt Mathias Hansl (9 Personen), Haus Nr. 27 (ehem. Café Fuchs)

Pangratz Karin,
angestellt bei der Wirtin, Baderswitwe und Posthalterin Theres Scharrer (11 Personen), Haus Nr. 32 (jetzt Sparkasse)

Pöschl Theres,
beim Wirt und Metzger Johann Meindl (14 Personen), Haus Nr. 34 (jetzt Gasthaus Meindl)

Bauer Aloisia,
Köchin beim Arzt Hironimus Staudenhöchtl (5 Personen), Haus Nr. 53 (Ecke Schmiedgasse/Kirchensteig)

Archenauer Katharina und Gas Karolina,
beim Brauer und Fabrikbesitzer Anton Ratzesberger (31 Personen), (jetzt „Baron“)

Dacherl Kreszenz und Jungwirth Theres,
beschäftigt beim Wirt und Metzger Johann Abl (14 Personen), Haus Nr. 94 (jetzt Göschl)

Salzinger Theres und Obermüller Theres,
Köchinnen beim Wirt und Metzger Fritz Setzer (11 Personen), Haus Nr. 96 (Setzer)

Kanamüller Maximiliana,
bekochte Benefiziat Kohlhofer.

Außerdem arbeitete eine namentlich nicht genannte Köchin im Kloster (am Büchl, oberhalb der ehemaligen Knabenschule).

Den erfahrenen Köchinnen stand, vor allem in den renommierten Gasthäusern, eine, je nach Bedarf schwankende Anzahl von Küchenmägden zur Seite. Diese verrichteten überwiegend die einfacheren Arbeiten.

Köchinnen verdienten vergleichsweise gut und genossen durchaus Ansehen. Je mehr Erfahrung sie in ihrem Beruf nachweisen konnten, je vielfältiger ihre Ausbildung war und je attraktiver die Häuser waren, in denen sie bereits am Herd standen, umso begehrter waren sie bei den Dienstherren und Wirtsleuten. Schließlich hing auch hier das Ansehen des Hauses von der Qualität der angebotenen Speisen ab.

Um die Mitte des 19. Jahrhunderts gab es im Bayerischen Wald eine ganze Reihe von Gasthäusern, die für ihre vorzügliche Küche bekannt waren. So kamen aus dem Raum Passau, aus Straubing, Landshut und weiter entfernten Gegenden immer wieder Gäste in den Wald, um es sich hier gut gehen zu lassen. Einer davon war Otto Sendtner (1813–1859), der in seiner Eigenschaft als Universitätsprofessor für Botanik und Conservator des Herbariums in München mehrfach zu Forschungszwecken im Bayerischen Wald weilte. In einem Brief schreibt er 1855: „Wer irgendwo ein gutes Wirtshaus einrichten will, dem rathe ich, vorher in den Wald zu reisen und zu sehen, wie man es (......) hier versteht, für die Fremden zu sorgen."

Auch Adalbert Stifter, der allen leiblichen Genüssen zugetan war, berichtet 1866 in einem Brief an seine Frau über eine Wanderung vom Rosenberger Gut zum Pfarrort Breitenberg. Unter anderem ist da zu lesen: „Die Kost im Posthause war sehr gut. Wir aßen unseren Rinderbraten mit großer Lust." Die „Post" in Breitenberg muss zur damaligen Zeit für ihre Küche weitum bekannt gewesen sein. Selbst die gehobene Bürgerschaft aus Passau machte Ausflüge in den Ort und „kehrte in der Post ein". Auch im „Meindl'schen Kochbuch" findet die „Post" mehrfach Erwähnung. Etliche Rezepte sind dort aufgeführt mit dem Hinweis: „Von der Post in Breitenberg."

Auch aus einem Bericht des Forstadjutanten Franz Pisko aus dem böhmischen Salnau wird die Gastfreundschaft und Kochkunst im Bayerischen Wald ersichtlich. Pisko erzählt von einer Wanderung im Juli 1864 mit Freunden über den Plöckenstein zum Rosenberger Gut am Fuße des Dreisessels. Unter anderem schreibt er über das Essen, das dort aufgetischt wurde. Er erwähnt „die appetitlich angerichteten Forellen", schwärmt vom „Gambrinussaft" in „schön geschliffenen Gläsern", berichtet vom „marinierten Aal", den es nach Mitternacht noch gab zum „braunen Gerstensaft". Um drei Uhr früh wurde vom Wirt noch „eine Portion Krambamboli aus echt bayerische Zwetschkernen präsentiert". Als Frühstück wurde den Gästen „ein vorzüglicher Kaffee mit zwei trefflichen Gugelhupfen vorgesetzt". Zum Abschied gab es ein „Stehbier" aus einem „Fassel Münchner Bock" und die Wirtin kredenzte dazu noch ein „Gabelfrühstück", welches aus „gebratener Ente mit Häuptelsalat und Preiselbeer-Kompot" bestand.

Ähnlich großes Ansehen genoss der Gasthof „Meindl" in Waldkirchen wegen seiner guten Küche. Gäste aus Passau, Landshut und München, hohe Beamte und kirchliche Würdenträger lobten die Gastlichkeit und das gute Essen. Letztlich beruhte das ganz wesentlich auf dem Können der Köchinnen.

Gute Köchinnen hatten auch auf dem Heiratsmarkt beste Chancen. Vielleicht, weil die Liebe sprichwörtlich durch den Magen geht. Offenbar aber auch aus ganz pragmatischen Gründen. Zumindest fällt auf, dass gerne frühzeitig verwitwete, nicht selten durchaus wohlhabende Bürger, oftmals mit einer beträchtlichen Kinderschar gesegnet, besonders häufig Köchinnen engagierten und später auch heirateten. Für beide Seiten eine zwar zunächst zweckorientierte, bei näherer Betrachtung aber nicht minder „gute Partie". Erstaunlich häufig führten auch Beamte aus der mittleren Ebene Köchinnen vom Herd ihrer Herrschaft weg zum Traualtar. Bei der Großmutter des Verfassers war das zum Beispiel der Fall.

Dass Köchinnen umschwärmt wurden, davon zeugen zwei kleine Gedichte, die im „Meindl'schen Kochbuch" aufgeschrieben, vom Liebeswerben zweier anonymer Köchinnenverehrer künden:

Weil Du mich beschenkst mit Dir,
so dank ich billig Dir mit mir.
Deßwegen nimm auch mich für Dich
Ich sey Dir Du, sey Du mir ich.
7. 10 1843
Dein leo

Kann in des Lebens Irrgewinden
die Liebe sich zum Ziele nicht
die Kreise überspringend, finden,
so leistet sie noch nicht Verzicht.
Beharrlich sich dahin zu winden
verfolgt den Pfad, der sich verflicht,
und wird, durchschreitend Tod und Sterben,
sich endlich doch den Kranz erwerben.
Pieper

Die beiden Kochbücher

Zentraler Mittelpunkt dieses Buches sind zwei handgeschriebene Kochbücher, die in der Zeit zwischen 1830 und 1880 entstanden. Die verschiedensten, damals üblichen Koch- und Backrezepte wurden darin aufgenommen. Sie sagen viel aus über das Leben der Menschen. Gepflogenheiten, Gewohnheiten und Lebensumstände, Wohlstand oder relative Armut werden in den Rezepten und Anweisungen erkennbar. Die Eintragungen stammen wohl vor allem von Köchinnen, einige vielleicht auch von Wirtinnen und Küchenmägden, die des Schreibens kundig waren. Die Verfasserinnen kommen überwiegend aus dem Bayerischen Wald, aus der heutigen Stadtgemeinde Waldkirchen.

Aus den Rezepten, die in beiden Büchern aufgezeichnet sind, wird deutlich, dass die Verfasserinnen im bayerisch-österreichisch-böhmischen Grenzraum lebten. Zum einen spürt man noch deutlich den, aus der Zugehörigkeit des Abteilandes zum Passauer Hochstift resultierenden Einfluss der österreichischen Küche. Das mag vor allem an der Nähe zur benachbarten Donaumonarchie liegen, aber sicher auch daran, dass die höfische, passauische Küche ausgeprägte österreichische Züge trug. Schließlich brachten die häufig aus österreichischen Adelshäusern stammenden Fürstbischöfe ihre Mundköche aus dem Heimatland mit. Als dann das Passauer Hochstift 1806 endgültig zu Bayern kam, blieb davon natürlich auch die Küche nicht unberührt. Die Ausrichtung nach München, auf den Königshof, auf die bürgerliche Küche dort, findet mit ihren französischen Anklängen aus napoleonischer Zeit, Eingang in die Rezepte, nach denen jetzt auch im Bayerischen Wald, und damit auch in Waldkirchen, gekocht wurde. Schließlich war Bayern mit dem französischen Kaiser Napoleon verbündet. In einer Vielzahl der Kochanweisungen klingt noch deutlich die Geschichte durch. Da werden die verlustreichen napoleonischen Feldzüge gegen das zaristische Russland ins Gedächtnis gerufen, die Kriege in Spanien, gegen England, Österreich und Preußen. Dabei darf man nicht vergessen, dass die Verfasserinnen dieser Kochbücher in diese wirre, kriegerische Zeit hinein geboren waren, sie vielleicht noch unmittelbar erlebt hatten. So entdeckt man beispielsweise eine Napoleonspeise ebenso wie den Kaiserpudding, eine Mehlspeise mit der Bezeichnung „Brand von Moskau" wird aufgeführt, Spanische Krapfl, eine Englische Torte, Fürstenbrot und Wiener Äpfel, Bischofsbrot und Russenkuchen kann man entdecken. Zu all dem kommen noch die Einflüsse der typisch böhmischen Küche. Zumal in der Vielzahl von Mehlspeisen wird das augenfällig. So lässt sich feststellen, dass die Waldkirchner Küche einige Besonderheiten aufweist, die auf die geografische Lage und die geschichtliche Entwicklung zurückzuführen sind.

Mit ihren 719 Seiten kommt die umfangreichere der beiden Rezeptsammlungen aus dem Waldkirchner Gasthof Meindl. Aufgrund des wechselnden Schriftbildes und der Art der Formulierungen kann man darauf schließen, dass mehrere Personen die Eintragungen vorgenommen haben. Während das weitaus kleinere Kochbuch mit seinen Rezepturen ausschließlich aus der Feder der Bäuerin Maria Reschauer aus dem Dorf Saßbach stammt.

Zwei weitere handgeschriebene Kochbücher bestätigten in vollem Umfang die Überlegungen und Schlüsse, die aus den vielen Rezepten gezogen wurden. Das eine kommt aus der nahen Grundmühle, wurde von Anna Ostercorn 1841 geschrieben und birgt hauptsächlich Kochanweisungen, wonach in der bäuerlich- ländlichen Küche Speisen zu-

192. Hobelschoaten.

Zu den vergessenen Rezepten gehört auch die Backanweisung zu den „Hobelschoaten“. Aus der Rezeptsammlung der Anna Ostercorn von 1844.

bereitet wurden. Dieses Buch befindet sich derzeit im Besitz von Frau Maria Stögbauer, Waldkirchen. Das andere ist im Eigentum von Frau Anneliese Fuchs, Waldkirchen, und stammt von Maria Hausböck aus Waldkirchen. Es wurde ebenfalls um die Mitte des 19. Jahrhunderts geschrieben. Darin sind überwiegend Rezepte aus der bürgerlichen Küche aufgeführt. Anizet Hausböck (geb. 1819, gest. 1868), der Bruder der Verfasserin, war Buchbindermeister in Waldkirchen.

Die Sprache, in der die Rezepte abgefasst sind, klingt heute verständlicherweise recht eigenartig. Verschiedene Schreibweisen, Ausdrücke und Formulierungen sind so ungewohnt, lesen sich so fremdartig, dass ein Nachkochen kaum möglich ist. Deshalb wurde eine große Anzahl in Vergessenheit geratener Kochanweisungen nachgekocht und in die heute übliche Küchensprache „übersetzt“. Zum Vergleich wurden die jeweiligen Originalrezepte dazugesetzt. In der Hoffnung, dass die Leserin, der Leser, die bisweilen altertümliche Schreib- und Ausdrucksweise, die diese alten Rezepte kennzeichnet, nicht als irritierend, sondern als bereichernd empfindet. Nur dort, wo Sprache und Schreibweise von der heute üblichen Norm derart abweichen, dass das Verständnis darunter leiden würde, sind Veränderungen vorgenommen worden. Aus diesem Grund wurden gelegentlich Satzzeichen eingefügt, Kommas gesetzt.

Die allgemeine Schulpflicht war um die Mitte des 19. Jahrhunderts auch im Bayerischen Wald längst eingeführt. Trotzdem gab es noch relativ viele Menschen, die das Lesen und Schreiben nur eingeschränkt beherrschten. Dass bis dahin mehr oder weniger so geschrieben wurde, wie man sprach, wird in allen bearbeiteten Kochbüchern unterschiedlich deutlich. Als Beispiel soll hier das Wort „Ei“ angeführt werden. Maria Reschauer schreibt es unterschiedlich. In ihren Rezepten kann man sowohl „Ei“, als auch „Ey“, „Oa“ oder „Or“ lesen. Im Plural werden bei ihr die „Eier“ zu „Eyern“, „Oa“, aber auch „Oier“.

Das „Meindl'sche Kochbuch"

Das umfangreiche „Meindl'sche Kochbuch" mit seinen über 700 eng beschriebenen Seiten war im ehemaligen Gasthof Meindl in Verwendung. Die renommierte Gastwirtschaft mit Metzgerei befand sich mitten am Marktplatz von Waldkirchen. Im Jahre 1864 umfasste das große Anwesen die Hausnummern 94 und 95. Als Besitzer wird in den alten Urkunden der Wirt und Metzger Josef Meindl aufgeführt. Neben der Familie gehörten noch Knechte, Mägde, Metzgergesellen und eine Köchin zum Hausstand. Insgesamt lebten und arbeiteten damals 14 Personen im Betrieb des Josef Meindl.

Offenbar galt der Gasthof als eines der besten Häuser am Ort, denn mehrfach stiegen hochgestellte Persönlichkeiten hier ab, wenn sie in den Mauern des bedeutsamen Marktes weilten. Mitglieder der bayerischen Regierung und die hohe Politik kehrten hier ein. Selbst der Bischof von Passau wurde hier gelegentlich verköstigt, wenn der hohe Herr anlässlich einer Visite oder zur Firmung in Waldkirchen weilte. Das Haus war für seine gutbürgerliche Küche weitum bekannt. Um die Qualität der Kochkunst in die heute üblichen, kulinarischen Wertmaßstäbe einzuordnen, müsste man sagen: Im Gasthof Meindl hantierten zu dieser Zeit Hauben- und Sterneköchinnen. Darauf lassen die Vielfalt der Speisen, die raffiniert kombinierten Zutaten und die teilweise recht anspruchsvollen Rezepte schließen.

Als dann die Familie Meindl aus persönlichen Gründen den Wirtsbetrieb einstellte und das Gebäude den Besitzer wechselte, wanderte das Kochbuch, zusammen mit allerlei Einrichtungsgegenständen, in den Speicher. Hier wurde es kurz nach dem Zweiten Weltkrieg wieder entdeckt und gelangte nach einigen Zwischenstationen in die Hände von

„Gasthof Fritz Meindl" ist auf der Giebelwand des Hauses zu lesen, aus dem eines der handgeschriebenen Kochbücher stammt.

Frau Russ. Als Hauswirtschaftslehrerin wusste sie diesen „Schatz“ entsprechend zu würdigen. Wegen seines desolaten Zustandes ließ Frau Russ das arg ramponierte Kochbuch, mit seinen teilweise losen Blättern und zerfledderten Seiten, schließlich neu binden. 2010 wurde das Kochbuch dann Herrn Karlheinz Saxinger übereignet, der es schließlich dem Archiv der Stadt Waldkirchen zur Verwahrung anvertraute.

Auf 719 Seiten sind über 2300 Rezepte aufgeführt. Aber auch zahlreiche Vorschläge zur Speisenfolge sowie verschiedenste hauswirtschaftliche Rezepturen und praktische Anleitungen wurden darin aufgenommen. So ist zum Beispiel der Menüplan anlässlich des Festessens der „Lamplbruderschaft zu Passau“ im Jahre 1866 festgehalten. Ebenso das Menü zur „Hochzeit von Anna am 4. Mai 1841“ und auch das Festmenü, das zu Ehren des Regierungspräsidenten Ignaz von Rudhardt stattfand, der 1831 als Chef des Unteren Donaukreises nach Passau berufen worden war, ehe er Prinz Otto nach Griechenland folgte.

Alles in der damals üblichen, für uns heute schwer lesbaren Sütterlinschrift. Die unterschiedlichen Schriftbilder und die wechselnde Qualität der Formulierungen legen nahe, dass verschiedene Personen die Einträge vornahmen. Köchinnen begannen zu der Zeit auf diese Weise ihr Küchenwissen, Überliefertes, Bewährtes und wahrscheinlich auch selbst Erprobtes weiterzugeben an die nachfolgenden Generationen derer, die an Öfen und Herden hantierten.

Relativ häufig sind im „Meindl'schen Kochbuch“ verschiedene Familiennamen und weibliche Vornamen vermerkt, von denen die aufgezeichneten Rezepte übernommen wurden. Da werden Lina, Adelheid, Moni und viele andere genannt. Aber auch hinter Freund, Brunner, Schlegl, Kienhöfer, Wennzel, Stürzer und Köglmaier scheinen sich Kochkolleginnen zu verbergen. Aus Waldkirchner Sicht besonders interessant, weil eindeutig zuzuordnen, sind Hinweise, wie „von den Klosterfrauen“, oder „Haller Köchin“ und ähnliche. Mehrere Hinweise auf eine „Anna“ und auf „Annas Kochbuch“ könnten auf die bekannte Passauer Köchin Anna Niederleuthner hinweisen, von der berichtet wird, dass sie sogar die spätere österreichische Kaiserin „Sisi“ anlässlich ihres Aufenthaltes in der Dreiflüssestadt bekochen durfte. Namen, Daten und Ortsangaben lassen darauf schließen, dass die Rezepte von weitum zusammengetragen wurden, dass die eine oder andere Verfasserin zumindest zeitweise in München und Passau ihren Beruf ausgeübt hatte. Auch Griesbach, Haag und Höhenstadt werden in ähnlichem Zusammenhang genannt und explizit auch der oben bereits erwähnte „Gasthof zur Post“ in Breitenberg. In den besten Häusern hatten die Köchinnen gearbeitet und jede Menge Erfahrungen im Zubereiten von Speisen gesammelt, ehe sie schließlich im Gasthof Meindl am Herd standen.

In Bezug auf die Art der Rezepte fällt auf, dass mehr als die Hälfte davon Anweisungen zum Backen von Kuchen, Torten, Mehlspeisen, Schmalzgebäck und ähnlichem zum Inhalt haben. Das mag daran liegen, dass es zu dieser Zeit in Waldkirchen und Umgebung keine Konditoren gab. Derlei Leckereien mussten also selbst hergestellt werden. Diese Tatsache wird erhärtet durch ein Ansuchen des Lebzelters Ignatz Friedl an den Magistrat von Waldkirchen. Darin sucht er um die Erteilung einer „Conditorenconcession“ nach. Diesem Gesuch wird schließlich auch statt gegeben, „da in der ganzen Umgegend kein Conditor das Gewerbe betreibt und damit kein Dritter benachteiligt wird, und weil der Ansuchende als Lebzelter durch die patentierten Nürnberger Lebkuchenhändler ohnehin stark beeinträchtigt ist. Auch sind, obwohl die Lebzelterei ein eigenes Gewerbe ist, Lebzelterei und Conditorei sehr verwandt.“ Einen weiteren Grund für die positive „Verbescheidung des Gesuches“ sah der Magistrat in „der günstigen Entwicklung der Lebzelterei und zur Sicherung seiner selbst und seiner

Familie". Von da an konnte man in Waldkirchen Kuchen und Torten bei ortsansässigen Konditoren erwerben.

Neben den vielen Rezepten finden sich in diesem Kochbuch wertvolle Anregungen für die Hausfrau des 19. Jahrhunderts und allerlei Küchentipps. Auch überlieferte Rezepturen und bewährte Hausmittel gegen allerlei Krankheiten kann man entdecken. Teilweise muten diese recht mystisch an. Einige davon, die in unmittelbarem Bezug zum Kochen und Essen stehen, sollen hier aufgeführt werden:

Das Entsalzen versalzener Speisen

Versalzene Speisen werden dadurch wieder schnell entsalzt, daß man über das Geschirr, in welcher sich die versalzene Speise befindet, ein leinernes Tuch spannt und auf dasselbe eine Hand voll Salz thut. Dann zieht das obere Salz das untere, welches sich in der Speise befindet, vollkommen ein.

Wenn das Geschirr widrigen Geruch hat

So giebt man grüne Weinbeerblätter darein, schüttet siedendes Wasser hinein, und deckt es gut zu, damit kein Dunst heraus kann, und läßt es dann stehen, bis es kalt ist. Dann wird es mit frischem kalten Waßer ausgeschwenkt, und der Geruch ist weg.

Wenn man das Brechen nicht mehr stillen kann und überhaupt der Magen nichts mehr leidet

Man nimmt etwas Brantwein, zupft einen recht gewürzten Lebzelten hinein und mischt Nelken und Zimmt daran, siedet alles, und legt es abwechselnd auf den Magen.

Abführmittel

12 bis 15 Zwetschgen siede in Waßer, bis sie recht weich werden, dazu 1 Loth pulverisirte Senfblätter und etwas Zucker und diese Latwerge genommen.

Mittel gegen das kalte Fieber

Nimm von einer Pflanze, wo die gelbe Milch herausrinnt (z. B. Löwenzahn), von der Wurzl 3 Stückl, grabe sie aus, und von diesen 3 Würzln rühre in ein Lederfleckl einen Brei und trage es auf der Herzgrube.

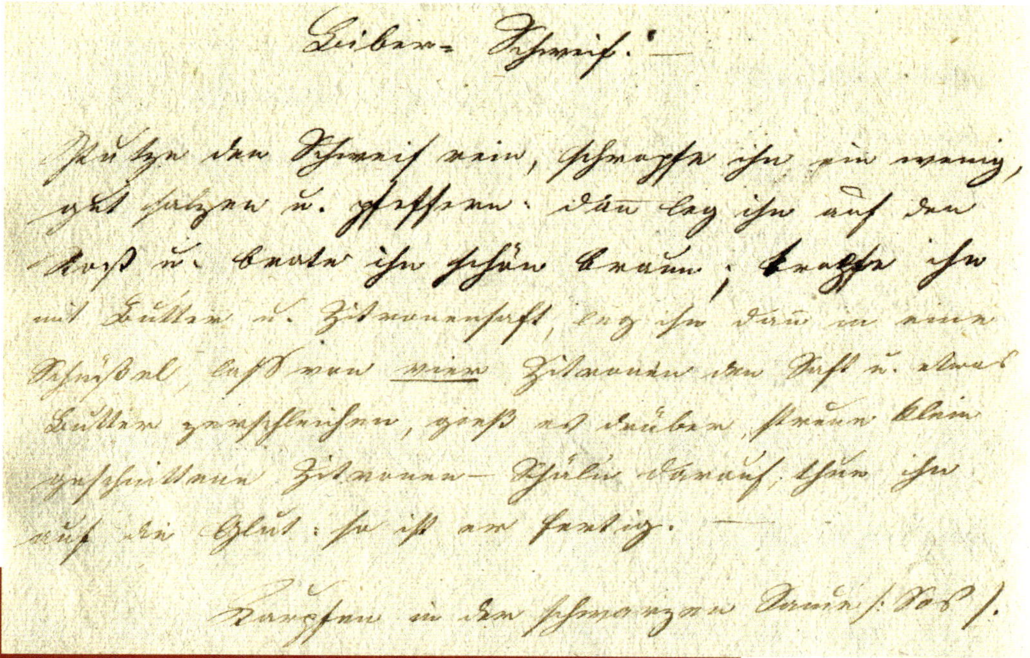
Biber-Schweif. —

Putze den Schweif rein, schneide ihn ein wenig, gib Salz u. Pfeffer. dann leg ihn auf den Rost u. brate ihn schön braun; begieße ihn mit Butter u. Zitronensaft, leg ihn dann in eine Schüssel, laß von einer Zitrone den Saft u. etwas Butter zerschleichen, gieß es darüber, streue klein geschnittene Zitronen-Schale darauf, thue ihn auf die Glut: so ist er fertig. —

[illegible]

Geradezu exotisch muten uns heute Kochanweisungen an, welche die Zubereitung eines Biberschweifes zum Inhalt haben.

Das Herzstück der Küche – Ofen und Herd

Alte, erfahrene Köchinnen behaupten, dass ein Schweinebraten, der im Rohr eines mit Holz beheizten Küchenofens schmorte, einen weit besseren Geschmack hätte, als ein Braten, der in einem zeitgemäßen Elektroherd garte. Glaubhaft ist das schon, denn sicherlich strich auch ein wenig Rauch durch das Bratrohr und damit über die knusperige Kruste des Bratens und hinterließ dabei seine Duftspuren. Außerdem berichten alte Bäuerinnen davon, dass selbst die Art des Holzes beim Schüren und Feuern beachtet wurde. Überwiegend fand dabei das harzreiche Weichholz der Fichten und Tannen Verwendung. Es stand im Bayerischen Wald als nachwachsender Rohstoff ausreichend zur Verfügung und gab bei gleichmäßigem Nachschüren die nötige Wärme ab. Die Temperatur auf der Ofenplatte aus Gusseisen konnte verhältnismäßig gut gesteuert werden. War große Hitze nötig, wie zum Beispiel für das Erhitzen von Schmalz, so wurden der Deckel und die entsprechende Anzahl von Ofenringen von der Kochstelle über der „Schür" genommen. Damit war die Schüssel oder Pfanne den Flammen unmittelbar ausgesetzt, und die Temperatur stieg entsprechend hoch an. Sollte jedoch nur „mit gelinder Hitze" gearbeitet werden, so schob die Hausfrau Pfanne und Kasserol auf der Herdplatte in einen Bereich, den das Feuer von unten nicht direkt erreichen konnte.

Wenn vor allem das Rohr, zum Backen von Kuchen oder zum Braten von Fleisch, benutzt werden sollte, heizte die versierte Köchin vorzugsweise mit Buchenholz, gelegentlich auch mit Kohlen. Das gab eine höhere und gleichmäßigere Hitze. Jedenfalls war die heiztechnische Bedienung eines Herdes, zumindest im 19. Jahrhundert noch, eine Wissenschaft für sich und wurde von der Köchin selbst vorgenommen oder zumindest streng überwacht. Eine lange Erfahrung im Umgang mit den individuellen Tücken und Eigenheiten eines Küchenherdes war die Voraussetzung für das Gelingen von Braten und Kuchen.

Da wird zum Beispiel von einer Bäuerin berichtet, die von ihrem Mann zu Weihnachten als besondere Überraschung einen neuen, beweglichen Küchenherd bekam. Die Freude über das gut gemeinte Geschenk hielt sich indessen in Grenzen, denn, so wird erzählt, der Ofen habe sie ein halbes Jahr lang arg „gefuchst", ihr Schwierigkeiten bereitet. Es habe lange gedauert, bis sie „das Trumm" mit all seinen „Duxn" (Eigenheiten) in den Griff bekommen habe.

Im 19. Jahrhundert war Kochen noch vergleichsweise schwierig. Nur die perfekte Hausfrau und die ausgebildete Köchin beherrschten dieses Metier vollumfänglich. Wer da am Küchenherd stand, war auf die eigenen Beobachtungen und Wahrnehmungen angewiesen. Entsprechend bildhaft und anschaulich klingen die Koch- und Backanweisungen in den beiden Kochbüchern.

Angaben zur empfohlenen Temperatur lesen sich zum Beispiel so:

- schwache Hitze
- gelinde Wärme
- mittelmäßige Hitze
- keine jähe Hitze

Der bewegliche Küchenherd im Bürgerhaus.

Durch einen Schiebemechanismus an der Tür der „Schür“ konnten die vier Zuglöcher in mehreren Stufen geöffnet oder geschlossen werden. Dadurch konnte die Luftzufuhr und damit die Kraft des Feuers geregelt werden.

- im aufgeheizten Rohr
- kein starkes Feuer
- im nicht zu heißen Ofen langsam backen
- bei guter Hitze backen
- im ausgeheizten Rohr herausbacken
- im kühlen Rohr herausbacken
- im Rohr flüchtig backen (3–4 Minuten)
- auf dem Feuer abtrocknen
- auf der Glut kochen
- im Rohr anziehen lassen
- auf Kohlen kochen
- leg oben auf den Deckel Kohlen, damit es hoch aufzieht (heute heißt das Oberhitze)

Wichtig war es, die farbliche Veränderung des Kochgutes während des Bratens und Backens aufmerksam zu beobachten. Sie zeigten an, wenn die Speise fertig war, oder ein nächster Arbeitsschritt eingeleitet werden musste. Da heißt es zum Beispiel:

- gelb rösten
- eine lichtgelbe Einbrenn
- eine dunkle Einbrenn
- semmelfarben backen
- backen, bis es gelblich wird
- im Rohr gelbbraun abtrocknen lassen
- bei mittlerer Hitze backen, bis es dunkelgelb wird

Erfahrung musste ehedem die heute üblichen und selbstverständlichen Steuerungssysteme, Schaltknöpfe, die digitale Zeitvorwahl, Temperaturanzeiger, die blinkenden Warnlichter und integrierten Uhren mit ihren akustischen Warnsignalen ersetzen. Mit einer modernen Küchenausstattung gelingt, bei einigem guten Willen, auch „kochtechnischen Weicheiern“ ein einigermaßen genießbares Endprodukt.

Der Faktor „Zeit“

Heutzutage nimmt ein oftmals überbordender „Küchenmaschinenpark“ der modernen Hausfrau alle lästigen und Zeit raubenden Tätigkeiten ab. Das Rühren und Kneten des Teiges, das Schlagen von Sahne und Eiweiß zu Schnee, das Zerkleinern von Fleisch erledigen in kürzester Zeit zuverlässig Küchenmaschinen, Fleischwolf und Co. Dagegen war das Kochen und Backen vor 150 Jahren mit einem vergleichsweise hohen Zeitaufwand, aber auch mit einem nicht zu unterschätzenden körperlichen Einsatz verbunden. Eine Knochenarbeit! Das können einige häufig genannte Arbeitsanweisungen in den beiden Kochbüchern verdeutlichen. Da ist zu lesen:

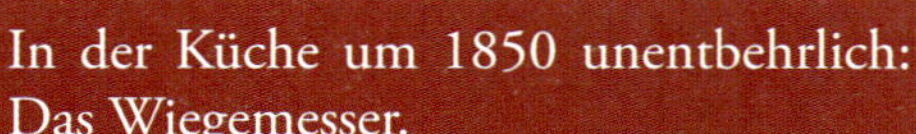
In der Küche um 1850 unentbehrlich: Das Wiegemesser.

- den Teig auf dem Nudelbrett eine Stunde gut abarbeiten
- eine Stunde beständiges Rühren
- den Pudding eine halbe Stunde fest rühren und dann drei Stunden im Wasser sieden
- den Teig eine Stunde unter beständiger Beobachtung backen
- eine kleine Stunde den Teig immer wieder umschlagen und walken

Auch das Vorbereiten der Zutaten, das Schneiden von Gemüse, Kartoffeln und Kräutern, das Hacken und Kleinwiegen von Fleisch, das Pulverisieren von Gewürzen im Mörser, und und und... Das alles war Handarbeit, erforderte einen hohen Zeitaufwand, mitunter auch Kraft und Ausdauer. Das Kochen war, um einen der heute üblichen, nicht minder unsäglichen Anglizismen zu verwenden, ein Fulltimejob. Das galt in erster Linie natürlich für die Gasthäuser, in deren Küchen, je nach Bedarf, eine Anzahl von Küchenmägden mit unterschiedlichen Aufgabenfeldern betraut, der Köchin zuarbeitete. So ähnlich waren aber auch die bürgerliche und die bäuerliche Küche strukturiert. Zumal, wenn es neben der Herrschaft auch noch eine unterschiedlich große Anzahl weiterer Kostgänger zu versorgen galt.

Die Gewürze – das Salz in der Suppe

Die Verwendung von Gewürzen aller Art ist heute in der Küche eine Selbstverständlichkeit. Das war jedoch nicht immer so. Seit es die Menschen verstanden, Speisen zu bereiten, gehörten auch Pflanzen oder Teile davon zu ihrer Nahrung. Zumal, wenn diese durch einen besonderen Geschmack die Speisen verfeinerten. Derlei würzenden Zugaben sprach man darüber hinaus oftmals auch noch eine heilende Wirkung zu.

Die Gewürze haben als Lebensmittel und wertvolle Handelsware die Geschichte der Menschheit erstaunlich stark beeinflusst. Sie waren mehrfach Anlass für kriegerische Auseinandersetzungen und spielten sowohl wirtschaftlich, als auch politisch eine ähnliche Rolle, wie Gold und Seide. Viele Länder unternahmen, in heftiger Konkurrenz zueinander, große Anstrengungen und weite Reisen in oftmals noch unbekannte Erdteile, um sich Vorteile im lukrativen Handel mit Gewürzen zu sichern. Letztlich war das auch der Auslöser für die Entdeckungsreise des Genuesen Christoph Columbus. Gewürze waren damals ungeheuer wertvoll. Zeitweise wurde Pfeffer mit Gold aufgewogen.

Bis herauf ins 15. Jahrhundert wurden die exotischen Gewürze aus dem südostasiatischen Raum unter großen Strapazen ausschließlich auf dem Landweg nach Mitteleuropa transportiert. Mit Beginn der Neuzeit, etwa ab 1500, erkundeten mutige Seefahrer die wirtschaftlich weitaus lukrativeren Seewege. Jetzt konnte die kostbare und hohen Gewinn bringende Fracht schneller, sicherer und in weit größeren Mengen zu den Hafenstädten, wie Venedig oder Genua, gebracht werden. Von hier ging es auf dem Landweg weiter in die großen städtischen Zentren und zu den Handelshäusern, die dann die weitere Verteilung übernahmen. Die Gewinnspanne war hoch. Gewürzhändler, die gerne als „Pfeffersäcke“ verspottet wurden, stiegen rasch ins wohlhabende Bürgertum auf.

Konnte sich ehedem nur die reiche Oberschicht Gewürze leisten, so waren diese ab dem 16. Jahrhundert zunehmend günstiger zu bekommen. Das Angebot stieg rapide an, die Preise verfielen. Bald waren Pfeffer, Vanille, Nelken, Muskat und Zimt beinahe für jedermann erschwinglich. Bereits im 18. Jahrhundert waren sie zur Massenware geworden und verloren zunehmend ihre Bedeutung als Luxusgut. Gleichzeitig wurden Anstrengungen unternommen, Arznei- und Gewürzpflanzen im Inland anzubauen. In klimatisch günstigen Regionen gelang das recht gut. Hier gediehen Fenchel, Majoran, Minze, Salbei, Kümmel und Senf. Als dann im 18. und 19. Jahrhundert viele europäische Staaten Kolonien gründeten, gelangten bald noch mehr Gewürze zu günstigen Preisen in die so, genannten Kolonialwarenhandlungen. Dort konnte sie die Hausfrau, die Köchin kaufen.

Einen großen Teil der Gewürze, vor allem die Küchenkräuter, die häufig und in größeren Mengen benötigt wurden, zog man im eigenen Gewürzgarten heran. Diese kleinen Gärtchen lagen üblicherweise nahe am Haus und waren meist mit einem Hanichlzaun (Lattenzaun) umgeben, um die Pflanzen vor ungebetenen Gästen, den Ziegen, Kühen und dem Wild, zu schützen. Was hier nicht wuchs, musste gekauft werden.

Dass auch zahlreiche, für das frühe 19. Jahrhundert eher ausgefallene Gewürze, wie Safran, Ingwer, Thymian, Zimt und Basilikum in Waldkirchen offenbar häufig verwendet wurden, befremdet zunächst. Erklären lässt es sich jedoch durchaus. Zum einen hatten die ausgebildeten Köchinnen bei ihrer Arbeit in verschiedenen Häusern den Einsatz von derlei Ingredienzien erlernt. Zum anderen dürften exotische Gewürze den Waldkirchnern traditionell nicht fremd gewesen sein. Schließlich war dieses kostbare Handelsgut bereits im Mittelalter, herein bis in die Neuzeit, über den Goldenen Steig in ihre Mauern gelangt.

In den Rezepten der beiden Kochbücher werden folgende Gewürze häufig genannt:

- Almedigewürz (auch Almodi)
- Anis
- Basilikum
- Bertram-Essig
- *Brennessel (auch Nessel)*
- Charlotten
- Fenchel
- Ingwer
- *Josefskraut*
- Kapern
- *Knoblauch*
- *Körbelkraut*
- *Kohlkraut*
- Kümmel
- Limonie
- Limonieschalen
- Lorbeerblätter
- *Mäuseleiter*
- Modegewürz (Gewürzmischung)
- *Monatsblümleinstöckl (Liebstöckl)*
- Nagerl oder Nelken
- Neugewürz (Gewürzmischung)
- *Paskanat*
- *Petersilie*
- Pfeffer
- Pomeranzenschale (Zitrusfrucht)
- Pomeranzenwasser
- *Porri (Porree)*
- Safran
- *Salbei*
- Salz
- *Sauerampfer (Kühkas)*
- *Schnittlauch*
- *Sellerie*
- *Spitzwegerich*
- *Suppenkräuter*
- Thymian
- Vanille
- Vanillegeschmack (Vanillepulver)
- *Wacholderbeeren*
- *Weichselblätter*
- Weinbeerblätter
- *Wurzeln (von Gewürzpflanzen)*
- Zimt
- Zimtpulver
- Zitronenbitzeln (Stückchen der Z)
- Zitronenschale
- *Zwiebel*

Die *kursiv* geschriebenen Zutaten werden fast ausschließlich im Kochbuch der Maria Reschauer immer wieder genannt. Daraus ist zu schließen, dass sich die bäuerliche Küche überwiegend auf die Kräuter aus dem eigenen Garten zum Würzen der Speisen beschränkte.

Bauerngarten am Emerenz-Meier-Haus in Schiefweg.

Die Kräuter für die Küche zum Würzen der Speisen bauten die Bäuerinnen in den Gewürzgärten an.

Verwendete Lebensmittel und Zutaten

In diesem Bereich tritt der Unterschied zwischen der bürgerlichen, der bäuerlichen und der „Arme-Leute-Küche“ am deutlichsten in Erscheinung. Die zahlenmäßig breitere Schicht rekrutierte sich aus den Tagelöhnern und Arbeitern, den Austräglern, Inwohnern und Kleinhäuslern. Ihre Finanzkraft war ausgesprochen dürftig. Das Gleiche galt für das Essen, das auf den Tisch kam. Hauptnahrungsmittel waren die Kartoffel, die Erdäpfel. Meist wurden sie lediglich gekocht, gebraten oder in Form von Knödeln sowie als Brei verzehrt. Dazu kamen noch Brot, Kraut, geringe Mengen Mehl, ein wenig Fett und Milch. Fleisch gab es selten. In der Regel nur an hohen Festtagen. Dabei darf nicht vergessen werden, dass um den Tisch, neben den Eltern, häufig auch noch eine große Schar hungriger Kinder saß.

Den Bauern draußen in den Dörfern ging es da vergleichsweise besser. Natürlich spielte dabei der Umfang der landwirtschaftlich genutzten Fläche, die Größe eines Hofes die entscheidende Rolle. Auf dem Reschauer-Hof mussten neben der Familie auch noch die Knechte und Mägde versorgt werden. Die Küche lag ausschließlich im Zuständigkeitsbereich der Bäuerin. Ihr ging, wenn es nötig war, eine Magd zur Hand. Die allermeisten Lebensmittel wurden selbst erzeugt und ermöglichten in einer erstaunlichen Vielfalt abwechslungs- und variantenreiche Speisen. Die Rezepte dazu wurden, wie es üblich war, überwiegend von der Mutter der Maria Reschauer übernommen. Seit Generationen erprobt, immer wieder verbessert und neuen Gegebenheiten angepasst. Verglichen mit unserer heutigen Zeit, fällt auf, dass viele der genannten Speisen ausgesprochen kalorienreich waren. Die harte körperliche Arbeit der Menschen, die in der Landwirtschaft tätig waren, erforderte dies aber auch. Zumindest in den Sommer- und Erntemonaten begann das Tagewerk bereits mit der Morgendämmerung, nicht selten oftmals um vier Uhr früh, und endete meist erst mit Eintritt der Dämmerung. Die Tage waren lang, die Arbeit schwer. Das Essen musste dem Rechnung tragen.

Aus den Rezeptaufzeichnungen der Maria Reschauer geht hervor, was zwischen 1840 und 1880 auf dem Hof ihrer Familie selbst erzeugt wurde:

Fleisch:
Rindfleisch, Schweinefleisch, Würste, Geflügel

Milch und Milchprodukte:
Süße Milch, sauere Milch, Rahm, Topfen, Butter, Schmalz

Bauerntisch mit Herrgottswinkel.

Gemüse:
Rannen (rote Beete), Rüben, süße Rüben, Weiße Rüben, Gurken, Kren (Meerrettich), Salat, Endiviensalat, Spinat

Obst:
Äpfel, Birnen, Zwetschgen, Kirschen, Weichsel, Holler

Gewürzkräuter:
Petersilie, Petersilienwurzel, Schnittlauch, Sauerampfer

Getreide:
Weizen, Gerste, Brein (Hirse), Roggen

Brot:
Hausbrot

Eier

zugekauft wurden:
Salz, Zucker, Gewürze, Semmeln, Salatöl, Knackwürste, Wein, Bier, Branntwein

auf andere Weise erworben:
Beeren, Wild, Fisch

Ganz ähnlich sahen wahrscheinlich die Speisezettel der Waldkirchner Marktbürger aus, die neben ihrem Gewerbe auch noch Landwirtschaft betrieben.

Davon hob sich die Küche der Gasthäuser und des gehobenen Bürgertums doch erheblich ab. Erschließen lässt sich das aus den Rezepten, die im „Meindl'schen Kochbuch" geschrieben stehen. In der folgenden Auflistung wird auf die Erwähnung der üblichen, alltäglichen Nahrungsmittel und Zutaten verzichtet. Hier sollen vor allem die Besonderheiten aufgeführt werden, um die Variationsbreite und Vielfalt der eingesetzten Lebensmittel vor Augen zu führen:

Fleisch:
Euter, Beischl (Kuttel), geselchter und roher Schinken, Ochsenmark, Rindsmark, gekrauster Speck, Speckschwarte zum Beschmieren einer Platte, Rind, Schwein, Spanferkel, Wild, Biber, Fischotter

Geflügel:
Feldhühner, Auerhahn, Rebhühner, Enten, Fasan, Schnepfen, Haselhühner

Fisch, Krusten- und Schalentiere:
Hecht, Forelle, Stockfisch, Krebse, Schnecken

Fett:
ganz frische Butter, Butterkugel, Krebsbutter, abgeklärte Butter, Schmalz, Schaffett, Brustfett, Abschöpffett

Gemüse:
Blumenkohl, Erbsen, grüne Erbsen, Linsen, Kohlrabi, Gelbe Rüben, Karfiol (Blumenkohl), Weiße Rüben, Endiviensalat, Wirsing, Spargel, Spinat, Fisoln (Bohnen), grüne (rohe) Kartoffel, Maurachen (Morcheln)

Obst und Früchte:
Erdbeeren, Melonen, Himbeeren, Pflaumen, Birnen, Mandeln, gedörrte Zwetschgen, Marillen, Aprikosen, Zwetschgen, Hiften (Hagebutten), Borsdorfer Äpfel, Rothwiner Äpfel, Maschanzker Äpfel, Kirschen, Weinbeeren, Rosinen, Zibeben, Weichseln, gekochtes Obst, Kakao, Maroni, Kastanien, Schlehen, Johannisbeeren, Feigen, Datteln, Prunellen, Kletzen, Orangen, Quitten, Quittenmark, Pomeranzen, Nusskerne, Zitronen, das Gelbe einer Zitrone, Zitronensaft

Gewürze und Kräuter:
Essig, Weinessig, Bieressig, Essigsäure, Pistazien, gemahlener Pfeffer, weißer Pfeffer, Senfmehl weiß und braun, englisches Senfmehl, Kranawittbeeren (Wacholder), Lavendel, Fenchel, Sauerampfer, Schwarzwurzel, Zwiebelschale, Muskatblüh, Estragon, Arak, Alkermessaft, Rosenwasser, Tragant

Mehl und Getreide:
Stärkemehl, schönes Mehl, Mundmehl, feinstes Mehl, feines Mehl, Semmelmehl, Königsmehl, Puder (feinstes Mehl), Kraftmehl, Ausschlagmehl, Reis, Sago, Gerste

Brot:
Eierbrot (Eiersemmeln), schwarzes Brot, weißes Brot, Brotrinde, Roggenbrot, kleines Brot, Oblaten, Semmeln, Semmelbrösel vom Milchbrot (Semmeln), Schmolln (Inneres des Brotes)

Eier:
Eier samt Schale, Eiklar, hart gesottene Eier, Eierschnee, Eierdotter, Eierpflaum (geschlagene Eier), Eiweiß, frische Eier

Getränke:
Wein, Franzwein, Malagawein, österreichischer Wein, Bier, Kirschgeist, Zitronenlikör, Anisbranntwein, Rum, Kochwein, fuselfreier Weingeist, Meth, Likör

Marmelade, Mus:
Dest (dickes Mus), Eingemachtes, Eingesottenes (Marmelade), Hüftenmark/Hiftenmark (Hagebuttenmark)

Zucker und Süßigkeiten:
Eis (Zuckerguss), Farin (nicht raffinierter, gelblicher Zucker), Schokolade, Streuzucker, feiner Zucker, gesäter Zucker, Haarpuder (Puderzucker), Kochzucker, Rübenzucker, Kandiszucker, weißer Kandiszucker

Milch und Milchprodukte:
Käse, Parmesankäse, abgenommene (entrahmte) Milch, gute Milch, süße Milch, kuhwarme Milch, steifer Milchschnee, abgeblasene (entrahmte) Milch, Obers (Süßrahm), sauerer Rahm, zusammengelaufener Rahm

Eis:
Gefrorenes (Eis), Vanillegefrorenes

Treibmittel:
Germ (Hefe), Pottasche

Geliermittel:
Hausenblase (Gelatine)

Speisefarben:
Veilchensaft (blau), Schokolade (schwarz), Alkmerssaft (rot), Spinatsaft (grün)

Öl:
Provencer Öl

Besonders ins Auge fällt, dass durchaus Tiere, wie Biber, Fischotter, Auerhahn, Schnepfen usw. in den verschiedenen Speiseplänen aufgeführt werden, die heute längst vom Aussterben bedroht sind und deshalb unter strengem Artenschutz stehen. Dass sie um die Mitte des 19. Jahrhunderts im Bayerischen Wald noch gerne verzehrt wurden und offensichtlich gar nicht so selten auf den Tisch kamen, geht auch aus anderen zeitgleich verfassten, handgeschriebenen Kochbüchern aus der Umgebung von Waldkirchen hervor. Besonders zu erwähnen ist hierbei das Kochbuch der Anna Ostercorn von 1841, die aus der Grundmühle stammte. Auch sie führt eine Anzahl Rezepte zur Zubereitung dieser Tiere auf. Der vergleichsweise beträchtliche Umfang an Lebensmitteln erforderte eine entsprechende Anzahl an geeigneten Vorratsräumen, an Speisekammern und kühlen Kellerräumen.

Die kühlen Kellerräume dienten zur Lagerung von Essenvorräten. In den Krautsteinen bewahrte man das eingesalzene Kraut für die langen Wintermonate auf. Kartoffel, Rüben und allerhand Gemüse hielt sich hier gut über lange Zeit.

Die Verwertung

Leider geht ein erheblicher Teil unserer Gesellschaft gegenwärtig allzu sorglos, unbedacht und verschwenderisch mit den Nahrungsmitteln um. Wohl zu Recht bezeichnet man große Teile der westlichen Welt als Überflussgesellschaft mit einer ausgeprägten Wegwerfmentalität. Die negativen Erscheinungen dieser zweifelhaften Einstellung zu Lebensmitteln ganz allgemein sind hinlänglich bekannt. Unsere Vorfahren gingen mit Nahrungsmitteln viel sorgsamer um. Sie waren zu kostbar, als dass man sie hätte verderben lassen. Altes Brot und hart gewordene Semmeln wurden zu Brösel verarbeitet oder in Stücke geschnitten und in Schmalz gebacken, als Suppeneinlagen weiter verwendet. Eingeweicht in Milch waren sie Ausgangsbasis für diverse Knödelarten. Brot blieb niemals übrig. Brot warf man nicht weg. Auch die Fleischreste vom Vortag wurden weiter verarbeitet. Zerkleinert mit dem Wiegemesser und gewürzt fanden sie Verwendung als wohlschmeckende Fülle im Fleischstrudel oder wurden, mit Ei abgeröstet, zur Hauptmahlzeit. Auch gab es nur ganz wenige Schlachtabfälle. Was einigermaßen verwertbar war, fand den Weg in die Küche.

Darauf lässt eine erstaunliche Anzahl von Rezepten aus den alten Kochbüchern dieser Zeit schließen. Da wurden Ochsenzungen gebraten, Kuheuter paniert und in Schmalz gebacken, Kälberfüße verarbeitete man zu Gelatine und Sulze, sämtliche genießbaren Innereien waren fester Bestandteil der Speisepläne, auch das wenige Fleisch an den Schweine- und Kalbsköpfen wurde verwertet.

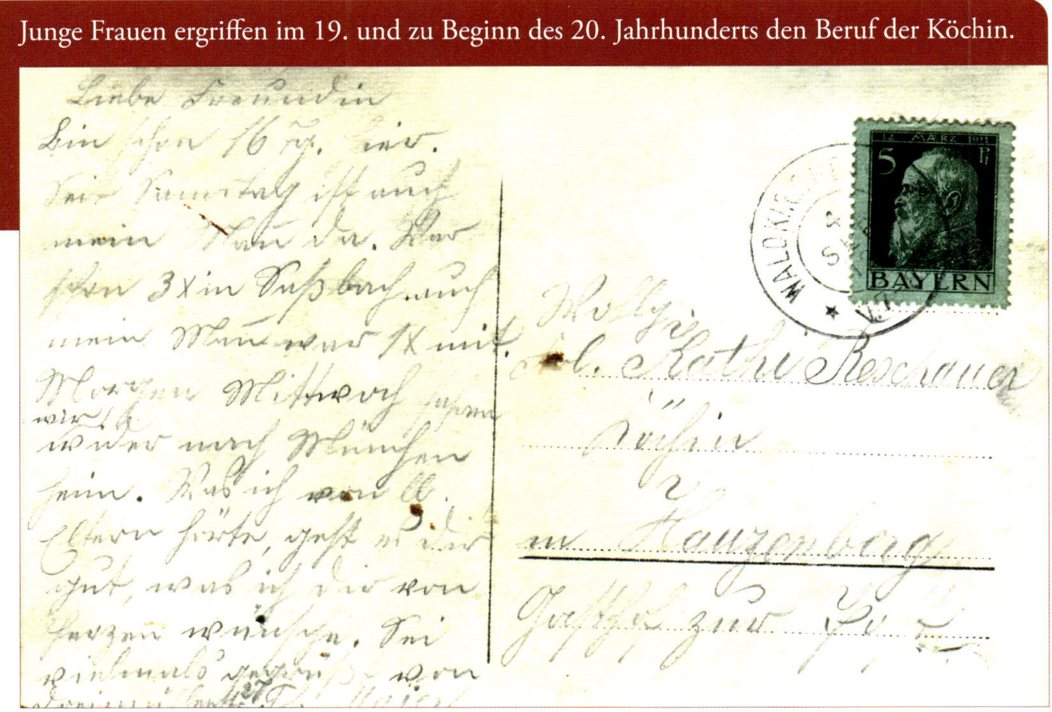

Junge Frauen ergriffen im 19. und zu Beginn des 20. Jahrhunderts den Beruf der Köchin.

Die Gerätschaften

In der Ausstattung mit Gerätschaften und Hilfsmitteln tritt der große Unterschied zwischen der bürgerlichen, der bäuerlichen und der Küche der einfachen Leute besonders deutlich hervor. Die Bandbreite an Küchengeräten war natürlich in den meisten Bürgerhäusern, auf dem Bauernhof oder gar in der „Arme-Leute-Küche“ entsprechend gering. Dagegen nimmt sich die Vielzahl an Koch-utensilien, wie sie in den guten Gasthäusern im Einsatz waren, vergleichsweise üppig aus. Eine Auflistung von Gerätschaften, die im „Meindl'schen Kochbuch“ genannt werden, kann dies bestätigen.

Da standen der Köchin zur Verfügung:

- Backbleche, rundes Beck (Kuchenform), Becken mit Deckel, Becken mit kurzer Röhre in der Mitte (Gugelhupfform), hölzernes Becken, Beinl (Spatel aus Bein), Blase (Schweineblase) zum Verschließen von Marmelade, Blättl (Backblech), kupfernes Blattl, Blech mit Reif, Bögen aus Blech, Bratreine, Büchse für Eis
- Deckel zum Auflegen der Glut, hölzerner, runder Deckel, Durchschlag (Kartoffelpresse)
- Einmachglas, Einsudglas
- Federkiel zum Aufblasen des Teiges, Federwisch, Fingerhut zum Ausstechen
- Gefrierbüchse, jede Menge Geschirr, verzinntes Geschirr
- Haarsieb, Hackstock, Hadern (Tuch zum Durchpassieren), Hafen (Topf), glasierter Hafen, irdener (aus Ton) Hafen, Steinhafen, Holzteller
- Kasserol
- Leintuch als Seiher
- kleines, blechernes Maßl, Messingpfanne, verschiedenste Messer, Blech-Model, Gugelhupf-Model, Holz-Model für Marzipan, kleines Mödelchen, Kupfer-Model, Melonen-Model, Stritzel-Model, Mörser aus Stein, verschiedene Mörser, Musbeck
- Nudelbrett, Nudelschauferl, Nudelwalker
- Papier, Papierschachteln als Formen, Pastetenpfanne, verschiedene Pfannen, Pfanne für Omlett, Frikando-Pfanne, Plattl, Porzellanschalen, Porzellanschüsseln, Prügel aus Holz
- Reibeisen, Reif, Reifblech, verschiedene Reinen, Rost
- glühendes Schäuferl, Schaff, Schaumlöffel, Schneebesen, Schüsseln, Schüssel aus Blech und Zinn, irdene Schüsseln (aus Ton), Seihlöffel, Selch, Silberlöffel, Spieß, Springform, Spritze, Stampfer aus Holz, Stürze (Deckel)
- Teller, Tiegel, Töpfe, Töpfchen, Tortenpfanne, verschiedene Trichter, Trichter mit drei Röhren, Tuch
- verschiedene Untersetzer
- Waffeleisen, Wandl (Backform), Weidling, Wiegemesser
- Zinnteller

Porzellantassen und Zinnteller, wie sie in den Bürgerhäusern Verwendung fanden.

Maße und Gewichte – ein Problem

Im deutschsprachigen Raum gab es bis weit ins 19. Jahrhundert hinein viele unterschiedliche Maße und Gewichte. Nahezu jeder Landstrich, jede Stadt hatte andere Maße. Ab etwa 1850 bemühte sich der Deutsche Zollverein um eine Vereinheitlichung, zumindest innerhalb der Landesgrenzen. Diese Bestrebungen wurden dann mit der Gründung des Deutschen Reiches 1871 verstärkt und schließlich auch umgesetzt. Das Pfund zu 500 Gramm wurde verbindlich eingeführt. Das bedeutete für die Köchinnen und Köche eine große Umstellung. Die komplizierte Umrechnung von den alten Gewichts- und Hohlmaßen in das neue System brachte viele Schwierigkeiten mit sich. Das bewährte Verhältnis zu den Eiern, insbesondere bei der Zubereitung von Mehlspeisen, wurde noch lange beibehalten. Die folgenden Angaben beziehen sich auf die, auch im Bayerischen Wald zwischen 1835 und etwa 1880 üblichen Maße und Gewichte, die im Bereich der Küche relevant waren:

Gewichte:

1 Loth	=	17,5	Gramm
1 Loth	=	4	Quent
1 Quent	=	4,4	Gramm
1 Eischwer	=	3,5	Loth
1 Quint	=	110	Gramm
	=	6	Loth
1 Quart	=	140	Gramm
	=	8	Loth
1 Vierting	=	1	Quart
1 Pfund	=	560	Gramm
	=	32	Loth
1 Zentner	=	56	Kilogramm

Maße und Hohlmaße:

1 Schoppen	=	0,25	Liter
1 Quart	=	0,27	Liter
1 Tasse	=	0,3	Liter
1 Seidl	=	0,35	Liter
1 Halbe	=	0,53	Liter
1 Maß	=	1,07	Liter
		diente 1 Maßl (Mäßl) als Gewichtsangabe (z. B. bei Mehl), so meinte man damit 1 Pfund	
1 Schäffel	=	222	Liter
		2,22	Hektoliter
1 Schäffel	=	6	Metzen
	=	12	Viertel
	=	208	Mäßl
1 Gugen	=	eine halbe Eierschale voll	
1 Weinglas	=	vier Esslöffel voll	

Münzen:

1 Gulden	=	60	Kreuzer (Kr.)
1 Kreuzer	=	4	Pfennige (Pf.)

1873 entsprach z. B. 1 süddeutscher Gulden 1,71 Mark.

Wegen der unterschiedlichen Gewichte und Maße benutzte man in den Kochbüchern des 19. Jahrhunderts vorzugsweise allgemein verständliche, anschauliche Begriffe. Oftmals bediente man sich praktischer Vergleiche mit Objekten, die in der Küche vorhanden waren. Da ist beispielsweise von einem **Esslöffel voll** Mehl die Rede, soll der Teig **messerrückendick** oder **so dick wie ein Federkiel** ausgewalkt werden, da genügt **ein Stäubchen**

Zucker zum Süßen oder es werden **zwei gute Hände voll** Semmelbrösel benötigt, manchmal genügt auch **nur ein Händchen voll,** zuweilen braucht die Köchin nur **eine Messerspitze voll** Salz, oder es sind **drei Finger breite und einen schwachen Finger dicke Streifen** aus dem Teig zu schneiden. Eine Herausforderung bedeuteten auch Formulierungen, wie gib ein **bisschen Zucker daran** und **ein klein wenig Wasser** oder **salze nach Gutdünken.** Schwierig einzuschätzen sind auch Mengenangaben, wie ein **achtel Hand voll** abgezogene Mandeln.

Einige weitere Maßangaben, die aus dem heutigen Sprachgebrauch längst verschwunden sind, sollen hier noch angeführt werden. Auch sie sind den beiden Kochbüchern entnommen:

- eine braune Nuss groß Butter
- eine halbe Eierschale voll Wein
- zwei Finger lange Bratwürste
- so viel Mehl, als du zwischen vier Fingern halten kannst
- eine Faust groß Butter
- eiergroß Fett
- einen Groschen große Plätzl
- eine kleine Faust groß Schmalz
- halb Daumen hoch Dest (Mus) darauf
- zwei Querfinger hoch Teig einfüllen
- Mehl im Gewicht, wie drei ganze Eier

Die Reihe ließe sich noch fortsetzen, zeigt aber auch die Anschaulichkeit dieser Anweisungen.

Auf den ersten Blick erscheinen solche Angaben recht ungenau. Sie führen durch den relativ großen Spielraum, der von der persönlichen Einschätzung der kochenden Person abhängt, unweigerlich zu verschiedensten Abweichungen. Vielleicht liegt aber gerade in dieser Schwankungsbreite der besondere Reiz dieser alten Rezepte. Sie wird wohl die Ursache dafür sein, dass ein und dasselbe Gericht in jedem Haus ein wenig anders schmeckte. Das Gefühl einer Köchin und ihr Erfahrungsschatz im Umgang mit den Lebensmitteln beeinflusste den Geschmack und die Qualität der Speisen, die sie zu Tisch brachte, ganz entscheidend. Diese reizvollen Ungenauigkeiten in den Angaben wichen in der Folgezeit immer mehr exakten Mengen-, Gewichts- und Zeitangaben. Allerdings lösen diese scheinbar unklaren Angaben bei der Hausfrau des 21. Jahrhunderts zunächst verständlicherweise Befremden aus. Die Formulierungen sind im Vergleich zu den heute üblichen Kochbüchern mit ihren präzisen Zeit-, Maß- und Gewichtsangaben einfach ungewohnt. Im 19. Jahrhundert dagegen waren diese eingesetzten Begriffe üblich, sie waren allgemein gebräuchlich und ausreichend, um Wohlschmeckendes auf den Tisch zu zaubern.

Im Sinne einer gewissen Arbeitsvereinfachung greifen Hausfrauen auch heute noch gerne zurück auf das Abmessen statt des Wiegens. Folgende Maße können dabei zu Grunde gelegt werden:

1 Esslöffel Mehl	10 g
1 Esslöffel Zucker, Reis, Gerste, Stärkemehl	15 g
1 Esslöffel Fett	10 g
1 Teelöffel Mehl	5 g
8 Esslöffel Flüssigkeit	⅛ l
4 Esslöffel Flüssigkeit	1/16 l
⅓ Liter Mehl	150 g
5 – 6 Kartoffeln, Äpfel	500 g
Hefemenge für 500 g Mehl	20 g
Salzmenge für 1 Liter Sud (Fleisch, Gemüse)	10 g
Salzmenge für 1 Liter Fischsud	20 g

Wurzelwerk für Suppen (grob geschnitten):
¼–½ Sellerieknollen
1–2 Gelbe Rüben
1 Petersilienwurzel
1 Stange Lauch

Bratzutaten:
Wurzelwerk (wie oben)
½–1 Zwiebel
etwas schwarze Brotrinde

Eine Gewürzdosis:
3 Gewürzkörner
2 Pfefferkörner
1 Nelke
1–2 Lorbeerblatt

Zutaten für die Beize:
1 Gewürzdosis (wie oben)
4–6 Wacholderbeeren
Wurzelwerk, 1 Zwiebel
Essig, Salz

Essig kochfertig	=	meist 3%ig
Weinessig	=	5–10 %ig
Essigessenz	=	40–50 %ig

(entsprechend verdünnen!)

Süßer Rahm, Obers, kann ersetzt werden durch Kondensmilch oder Vollmilch, Sauerer Rahm kann ersetzt werden durch Joghurt, Sauer- oder Buttermilch.

Übersichtstabelle zum Backen und Braten:

Starke oder große Hitze
220 Grad C und mehr
Mittlere Hitze
200–220 Grad C
Mäßige Hitze
150–200 Grad C
Schwache Hitze
125–150 Grad C
Sehr schwache, gelinde Hitze
100–125 Grad C
Heruntertrocknen
100 Grad C und weniger

Große, dicke Braten mit langer Bratzeit (pro Kilogramm eine Stunde)
190–210 Grad C
Mittelgroße Braten mit langer Bratzeit
210–225 Grad C
Braten mit kurzer Bratzeit (Fisch, Filet, Roastbeef)
225– 50 Grad C
Grillen
250–280 Grad C

Aufläufe
200–210 Grad C
Strudel
230–240 Grad C
Gugelhupf
180–210 Grad C
Hefekranz, -zopf, -stollen
200–210 Grad C
Blechkuchen trocken
210–225 Grad C
Blechkuchen mit feuchtem Belag
200 Grad C
Kuchen in Spring- und Kastenformen
180–200 Grad C
Mürbteig
200–225 Grad C
Blätterteig
220–230 Grad C
Brandteig (z. B. Windbeutel)
225–240 Grad C
Biskuitteig
180–200 Grad C
Kleingebäck
175–200 Grad C

Diese Angaben verstehen sich als Richtwerte, die aber von Fall zu Fall kleine Änderungen erfahren müssen, je nach Teigmenge, Teigdicke, Teigbeschaffenheit, Fettmenge, Backform usw.

Waage mit genormten Gewichten.

Nährwert und Kalorien – gesunde Kost?

Wie wichtig eine vernünftige Ernährung für unsere Gesundheit und unser Wohlbefinden ist, wissen wir heute. Sämtliche Medien erinnern uns ständig daran. Auch der Mediziner hebt warnend seinen Finger, wenn sich im Rahmen einer Untersuchung unter den vielen Parametern ein erhöhter Wert zeigt. Auf den bunten Packungen, in die zunehmend unsere Lebensmittel steril in Plastik eingeschweißt werden, kann der Verbraucher ausführliche Informationen über Inhaltsstoffe und Kalorien entdecken. Allerdings verwirren gelegentlich die vielen Fachbegriffe, Zahlen und Formeln und scheinen zu ihrem Verständnis zumindest ein abgeschlossenes Zweitstudium im Bereich der Lebensmittelchemie vorauszusetzen. Dermaßen umfänglich und gründlich aufgeklärt, sollte es in unserer Zeit eigentlich kein Problem mehr darstellen, gesund zu kochen, ausgewogen zu leben.

Den Menschen im 19. Jahrhundert waren all diese Erkenntnisse noch weitestgehend unbekannt, denn die Erforschung der ernährungsphysiologischen Zusammenhänge steckte noch in den Kinderschuhen. Was damals aus der Küche kam, richtete sich ausschließlich nach den wirtschaftlichen Verhältnissen. So hatte beispielsweise der größte Teil der Bevölkerung, aufgrund einer zwangsweise fettarmen Küche, sicherlich nie mit zu hohen Cholesterinwerten zu kämpfen. Für die Bevölkerung in den Dörfern draußen darf man Ähnliches vermuten, denn selbst eine kalorienreiche Nahrung stellte in Anbetracht der schweren körperlichen Arbeit in der Landwirtschaft kein gesundheitliches Problem dar. Anders muss das Spannungsfeld Essen – Gesundheit beim wohlhabenden Bürgertum des 19. Jahrhunderts eingeschätzt werden. Wer es sich leisten konnte, genoss die raffiniert zubereiteten, meist ausgesprochen kalorienreichen Köstlichkeiten aus dem Reich versierter Köchinnen unbekümmert und in üppigen Mengen. Schmackhaft, aber ziemlich ungesund! Zumal in Anbetracht einer wohl überwiegend geringen körperlichen Betätigung der Menschen, die zu dieser Schicht zählten. Immer wieder werden in der Literatur dieser Zeit verschiedene Krankheiten erwähnt, die ursächlich auf eine falsche Ernährung schließen lassen. Die Wurzel des Übels blieb zunächst noch verborgen. Auch war, trotz vieler, wichtiger Erkenntnisse auf anderen Gebieten, die Medizin im vorletzten Jahrhundert noch nicht in der Lage, entsprechende Heilmittel in diesem Bereich anzubieten.

Die ausgesprochen schmerzhafte Gicht soll hier als Beispiel für falsche Ernährung angeführt werden. Als typische Zivilisationskrankheit wird sie heute eingestuft. Aus den oben erwähnten Gründen erkrankten im 19. Jahrhundert viele Menschen daran. Die Ursachen dafür vermutete zunächst niemand im üppigen Essen und Trinken. Die Medizin wusste keine wirksamen Arzneien dagegen aufzubieten, und auch die Bader konnten mit ihren Hausmitteln nicht richtig helfen. So besann man sich auf überlieferte, ein wenig an Zauberei und Hexerei erinnernde Praktiken. Im „Meindl'schen Kochbuch" steht so ein Heilmittel gegen die Gicht aufgeschrieben. Es soll hier exemplarisch angeführt werden:

Sympathie für die Gicht.

Von der rechten Hand schneide die 5 Nägel ab in ein Papier und dann vom linken Fuß die 5 Zehennägel. Dann von der linken Hand die 5 Nägel und vom rechten Fuß die 5 Zehennägl in ein Papier wickeln. Aber keiner darf abgehen. Die Nägel muß man gegen die Nacht zur Zeit, wo der Mond im abnehmen ist, abschneiden. Dann muß eine andere Person vor Sonnenaufgang das Papier in eine Felberstauden (= Weide) thun. Vorerst aber ein Loch machen, daß man das Papier hineinschieben kann. Das Loch muß man aber wieder vermachen. Das Nemliche, welches das Papier in die Stauden schiebt, muß 8 Tage lang, alle Tage 5 Vaterunser bethen und auch die Person muß so viel bethen, für die man es thut. Selbst darf man es aber nicht thun. Auch darf die Person die es verrichtet, nichts dabey sprechen. Es muß aber ein grüner Baum seyn, und auf diesen Fleck darf man auch im ganzen Leben nicht mehr hinkommen, dann ist man geheilt.

Auch andere Krankheiten, die sich auf eine mangelhafte Ernährung zurückführen lassen, versuchte man mit allerhand Hausmitteln in den Griff zu bekommen. Allerdings fehlen Berichte über eine Heilung.

Mittel wider die Bleichsucht.

¼ Pfund grünes Senfmehl in 2 Theile getheilt. Jeden Theil in einen leinern Fleck gebunden, mit siedendem Waßer angegoßen, aber das Bad nicht zu warm eingerichtet, obgleich stets warm nachgegoßen wird. Jeder der Pauschen muß unter den holen Fuß genommen werden. Über das Schäffel wird ein Teppich gebreitet, daß sich die Wärme hält. Das Bad wird ziehen, ja etwas schmerzen. Eine Stunde im Fußbad bleiben, die Füße warm gehalten im Bett etwas in Schweiß gerathen, ist hauptsächlich gut. Hinzu könnte man im Bette 1 Taße Hollunderblüthenthee trinken. Alle Morgen nüchtern ½ Quart Meth mit 8 Citronentropfen nehmen, 2 Stunden spatzieren gehen, dann früh stücken. Diese Vorschrift täglich befolgen. Später 4 mal über den andern Tag beobachten, bis sie wirkt, was nach 8 maligen Gebrauch wirken soll.

Amüsant klingen für uns heute Rezepturen, die sich weniger mit der Gesundheit beschäftigen, sondern eher das Aussehen, die Schönheit beeinflussen sollten.

Recept wider die Sommersprossen.

Von durchgepreßten, halb unreifen Johannisbeeren und etwas Schwefelmilch wird eine Salbe gemacht. Täglich Abends damit die Sommersprossen bestreichen, und alle Morgen wieder abwaschen. In 14 Tagen müssen diese Schönheiten von Sproßen schwinden.

Für ein sonngebräuntes Gesicht.

Frischen geriebenen Meerettig übergießt man mit Weineßig. Dieser muß 2 Zoll hoch über jenem stehen. 14 Tage läßt man's stehen und gießt dann den 4ten Theil heiß gekochte Milch dazu. Wenn die Milch geronnen ist, wird die Maße abgeklärt und in Flaschen aufbewahrt. Mit dieser Molke bestreicht man diese Theile und wäscht sich 12 Stunden später im lauwarmen Wasser.

Zahnpulver

1 Loth getrocknete und geriebene Salbeiblätter 1 Loth Brodrinde pulverisirt, 1 Quint Weinsteinrahm, ebenso viel auserlesene Myrhen. Alles gemischt.

Die Rezepte: Ein Teil der alten Rezepte aus den handgeschriebenen Kochbüchern wurde in eine zeitgemäße Form „übersetzt". Ausgewählt wurden dabei vor allem jene Koch- und Backanweisungen aus dem Bayerischen Wald, die aus verschiedenen Gründen weitestgehend in Vergessenheit geraten sind. Backanweisungen, Mengen-, Gewichts- und Zeitangaben entsprechen damit der heute üblichen Form. Diese in die heutige „Küchensprache" übertragenen Rezepte können somit auch von weniger geübten „Pfannenschwingern und Topfjongleurinnen" problemlos nachgekocht werden.

Den ausgewählten Rezepten sind jeweils die Originaltexte aus der Mitte des 19. Jahrhunderts zugeordnet, wie sie in der damals üblichen Sprache und Schreibweise in den mit Tinte und Feder geschriebenen Kochbüchern aufgezeichnet sind.

Suppen

Die Suppenrezepte sind auf den durchschnittlichen Bedarf für eine Person abgestimmt. Man rechnet für eine Person ¼ Liter Suppe. Die fertigen Suppen, die im Handel befindlichen Suppen- oder Brühwürfel, vereinfachen zwar die Arbeit in der Küche, können jedoch die Variationsbreite und den Geschmack einer mit Liebe selbst zubereiteten Suppe kaum erreichen.

Klare Suppen

Dazu werden Rindfleisch (Suppenfleisch), Knochen (am besten Markknochen) und Wurzelgemüse etwa 2¼ Stunden in Wasser gekocht. Mit einem kleinen Stück Leber oder Milz, das man dazugibt, lässt sich der Geschmack verfeinern. Klare Suppen erhält man nicht nur durch das Kochen von Fleisch und Knochen, auch von Kräutern und Wurzelgemüse lassen sie sich gewinnen. Zwei Varianten sind möglich:

1) Wenn es ausschließlich um die Suppe geht und diese gehaltvoll werden soll, so wird das Fleisch in kaltem Wasser zugesetzt, damit sich der Saft aus dem Fleisch kocht.

2) Wenn jedoch das Fleisch auch aufgetischt werden soll, so muss man dieses in heißes Wasser legen, damit sich die Poren schließen und der Saft im Fleisch bleibt.

Abgeseiht und gesalzen werden klare Suppen mit der gewünschten Einlage zu Tisch gebracht. Klein gehackte Petersilie und Schnittlauch runden den Geschmack ab.

Gebundene Suppen und Einbrenne

Für diese Suppen, vor allem für die Gemüsesuppen, braucht man als Basis eine helle oder dunkle Einbrenne. Um eine lichte Einbrenne zu erhalten, wird unter ständigem Rühren in einer Pfanne Mehl zu heißem Fett gegeben und geröstet. Wird das Mehl länger im Fett geröstet, so wird es dunkler, bräunlich und leicht glänzend. Man bekommt so eine dunkle Einbrenne. Die Einbrenne muss, um die Bildung von Klumpen zu vermeiden, unter dauerndem Rühren mit dem Schneebesen langsam mit Wasser oder einer Fleischbrühe aufgegossen werden. Es empfiehlt sich, die Einbrenne zuerst mit kaltem, darauf erst mit heißem Wasser aufzugießen, um eine Klümpchenbildung auszuschließen. Das Gemüse wird, nachdem es gewaschen, geputzt und zerkleinert wurde, im Wasser gedämpft. Ist es weich, gibt man es in die mit Wasser aufgegossene Einbrenne. Das alles lässt man dann aufkochen. Nährwert und Geschmack der gebundenen Suppe lassen sich positiv beeinflussen durch die Zugabe von etwas Butter, Rahm oder einem Ei.

Beischlsuppe

1 Kalbsbries
(oder Kalbslunge)
90 g Butter
1 kleine Zwiebel
90 g Mehl
Petersiliengrün
Salz und Pfeffer
2 Lorbeerblätter
½ l Essig
½ l Erbsenbrühe
Zitronenschale

Beischlsupp
Gieb das Beischl in ein Reindl, schneide Zwiebel, Limonieschalen, Lorbeerblätter Salz dazu, halb Eßig, halb Erbsenbrüh laß es mitsammen sieden, dann mache eine lichtbraune Einbrenn, gieß das Beischl sammt den Stand hinein, das übrige noch Erbsenbrühe und laß es aufsieden, dann richte es über gebähtes Brod an.

Das Kalbsbries wird zusammen mit dem Essig, den Lorbeerblättern, der geschnittenen Zwiebel, der Zitronenschale, Salz und Pfeffer in einem Topf 10–20 Minuten gekocht. Dann bereite aus Butter und Mehl eine goldgelbe Einbrenne, gib das Petersiliengrün dazu und gieße diese mit Erbsenbrühe auf. Lass alles gut aufsieden. Das Kalbsbries wird fein gehackt (bzw. die Lunge wird in schmale Streifen geschnitten) und zusammen mit dem Stand zur Einbrenne mit der Erbsenbrühe gegeben.

Benadlsuppe

5 Semmeln
70 g Butter
2 Eier
1 l Fleischsuppe
oder Brühe
Schnittlauch

Benadl Suppe
Brökle Semml wirflet auf, gieb einwenig Butter in ein Tegl, laß heiß werden, gieb die Brökl darein, rühre es so lang bis es ein wenig resch wird, dan gieb Fleischsuppe darein, und laß es aufsieden. Frikasire es mit 2 Eyerdoder.

In einem Kochtopf wird Butter erhitzt. Dann werden die in kleine Würfel geschnittenen Semmeln dazu gegeben, welche unter ständigem Rühren goldgelb angeröstet werden. Jetzt schüttet man die Fleischsuppe dazu, lässt diese kurz aufsieden und rührt noch zwei Eidotter darunter. Beim Anrichten wird klein geschnittener Schnittlauch darüber gestreut.

Aufgeschmalzene Brotsuppe

250 g Hausbrot
2 Zwiebeln
eine Msp Kümmel
80 g Butter
1 l Rindsuppe oder
1 l Wasser mit 1 Suppenwürfel anrühren
eine Msp Salz
Schnittlauch

Die Zwiebeln werden in Ringe geschnitten und in Butter hellbraun geröstet. In die heiße Suppe kommt der Kümmel und erst unmittelbar vor dem Servieren kommen die gerösteten Zwiebeln dazu. Diese Suppe wird dann über das in Würfel oder blättrig geschnittene Brot geschüttet. Dann wird noch Schnittlauch darüber gestreut.

Schwarze Brodsuppe
Schnitle gutes Hausbrod auf, Schütte siedendes Wasser darauf gieb sauern Ram darüber brenne Schmalz mit viel Zwiebel darauf. Der Zwiebel soll schön gelb sein.

Schü Suppe
Gieb in einen Tegl, abschöpffetten oder March, schneide ein Häipl Zwifl in schöne dine Radl, dann nim ein Stück mageres Rindfleisch, ein Stück Rindsleber, etwas Milz u. Herz, schneide es in dine Schnitzl, nachdem nim Petersilwurzl, Pori, Zeleri, Gelbe Rüben, Pasternak, schneide alles in kleine Stückl, u. giebs vermischt in den Tegl, aber den Zwifl musst du am Boden liegen lassen, weil er die schönste Farbe macht, gieb den Tegl auf die Platen oder Glut reste es schön dunkelbraun aber nicht umrühren, wende den Tegl auf der Platen öfters um, daß es nicht anbrennt, dann gieb Fleischsuppe daran, laß es schön langsam sieden, daß es nicht trüb wird, dann seihe es durch ein feines Sieb, schöpfe die Fettn ab, u. kanst darein geben was du willst. Schöberl od. Wandl, gebachene od. weiße Knödl, Margrana od. Habernudel, Hirnschöberl, Mehlschöberl, Leberschöberl, Kaisernökerl, blättrig geschnittenes Brot.

Endiviensuppe

1 Endiviensalat
40 g Butter
30 g Mehl
1 l Fleischbrühe
Salz
4 EL Sahne
1 Eigelb

Antifi Suppe
Wiege Antifi klein, mache eine gelbe Einbrenn, gieb den Antifi darein, Salz ihn, laß ihn ein wenig anlaufen, gieb Fleischsuppe darein, u. laß es gut aufsieden, seihe es, u. richte es über gebähte Semlschnitl an. eben so wird auch die Kräutl Suppe gemacht.

Den Endiviensalat waschen und fein schneiden. Dann gibt man ihn in eine Einbrenne aus Butter und Mehl und lässt ihn ein paar Minuten dünsten. Hierauf wird mit der Fleischbrühe langsam aufgegossen. 5–10 Minuten kochen lassen, dann pürieren. Die Suppe wird mit Salz abgeschmeckt und mit Sahne und einem Eigelb legiert.

Fastensuppe

300 g Hecht
(oder ein anderer Süßwasserfisch)
300 g Gemüse
(Gelbe Rüben, Kohlrabi, Blumenkohl)
Petersilie
100 g Butterschmalz
3 Eier
3 Semmeln
1½–2 l Erbsensuppe
Salz und Pfeffer
etwas abgeriebene Muskatnuss

Der gesalzene, gepfefferte und zerkleinerte Fisch wird zusammen mit dem blättrig geschnittenen Gemüse in einer Reine mit Butterschmalz angebraten und mit drei hart gekochten, passierten Eidottern verrührt. Dann wird mit der Erbsensuppe aufgegossen. Es kommen noch Petersilie und etwas abgeriebene Muskatnuss dazu. Jetzt lässt man das alles 5–10 Minuten aufkochen. Nachdem mit Salz und Pfeffer abgeschmeckt wurde, seiht man die Fastensuppe durch ein Sieb und richtet sie über gerösteten Brotschnitten an.

Fastensuppe
1 Stüchen Schmalz in eine Rein, auch Blätterweise Gelbe Rüben, Kohlraben, Karviol Petersilie, gebähte Semmel, rohen gestoßenen Hecht oder Hausen, Schnecken, Pfeffer, Salz, Nelken und zuletzt gießt man eine gute Erbsensuppe daran, geröstete Semmel, Petersilie, Muskatblüh, dann laß es sieden, seihe es durch und schütte es über Semmel-Schnitten.

Flecklsuppe

100 g Mehl
⅛ l Milch
1 Ei

Salz
Butterfett

Die Zutaten werden zu einem flüssigen Teig verrührt und in einer gefetteten Pfanne zu Pfannenkuchen herausgebacken. Diese werden gerollt und in nudelförmige, schmale Streifen geschnitten. Man richtet diese Streifen auf dem Teller an, schüttet heiße Fleischsuppe darüber und verfeinert mit klein geschnittenem Schnittlauch.

Fleglsupp
Nimm ein wenig Mehl in ein Haferl, gieß Milch daran, schlag Eier dazu, salze es und rühre es fein ab, dann gieb auf eine Anleth-Pfann Schmalz laß es heiß werden, dann laß einen Teig darauf und backe dünne Flegl, schneide sie wie geschnittne Nudl und gieß siedende braune Supp darüber.

Gehäcksuppe

200 g durch den Fleischwolf gedrehtes Gänse- oder Kalbfleisch
3 Semmeln
60 g Butter
Salz und Pfeffer
Petersilie
½ l Rindsuppe

Das faschierte Fleisch wird zusammen mit dem grob geschnittenen Petersilienkraut in einem Topf mit Butter angeröstet. Dann gießt man die Fleischsuppe dazu und lässt sie gut aufkochen. Schließlich werden noch zwei Eidotter dazugerührt. Und nachdem dies alles nochmals gut aufgekocht hat, richtet man die Suppe mit den in Butter gerösteten, in kleine Würfel geschnittenen Semmeln an. Mit Salz und Pfeffer wird abgeschmeckt.

Gehäk Suppe
Wiege gebratenes Fleisch, sei es von einer Gans o. Kälberfleisch, wiege Petersilkräutl, mache in einen Tegl eine gelbe Einbrenn thue das gewiegte darein, auch daß Petersilkräutl, schütte Fleischsuppe daran, und laß es gut aufsieden, richte es über gebähte Semlschnitl an. frikasire es mit 2 Döder.

Abgegossene Hirnsuppe

250 g Kalbshirn
40 g Butter
40 g Mehl
1 Zwiebel
1½ l Fleischbrühe
Zitronenschale
Salz
Muskat
Petersilie
2 EL Sahne
1 Eigelb

Das Kalbshirn wird gewässert, kurz überbrüht, gehäutet und fein gewiegt oder durch den Fleischwolf gedreht. Darauf wird es in heißer Butter mit der fein geschnittenen Zwiebel gedämpft und mit Mehl bestäubt. Nachdem man das alles noch einige Minuten dämpfen ließ, wird mit Fleischbrühe aufgegossen. Nun gibt man etwas Zitronenschale dazu und würzt mit Salz und wenig Abrieb von der Muskatnuss. Danach lässt man die Suppe noch etwa 10 Minuten kochen. Vor dem Servieren wird die Hirnsuppe mit Eigelb und Sahne legiert und verfeinert. Zum Auftragen streut man etwas fein geschnittene Petersilie darüber.

Abgegoßene Hirnsuppe
Man nimmt den 4" Theil von einem Kalbshirn, streift die Haut aus und hackt es fein zusammen, dann giebt man in einen Tigl ein Stück Butter, läßt ihn zerschleichen, dan giebt man einen kleinen Kochlöffel voll Mehl dazu und läßt es anlaufen und wenn es schaumt, giebt man ein Hirn hinein, läßt es ein wenig rösten und gießt so viel Suppe daran, als man nöthig hat. Vor dem Anrichten gießt man es mit ein paar Eierdötter, ein wenig süßen Rahm und ein kleines Stück Butter ab.

Die gestoßene Hirn-Suppe
Man nimmt gesottenes Hirn, giebt es in einen Mörser mit ein wenig Petersilkraut, dann pfäzt man um ½ X Semmel, backe es im Schmalz und gieb es auch in den Mörser, stoße alles klein zusammen, gieb Butter in eine Rein, laß ihn zerschleichen, gieb das Gestoßene hinein, laß es gut denißen staube es mit Mehl und laß es kochen, gieb eine Suppe daran, laß es gut aufsieden, seihe es durch ein Haarsieb. Man koche darein, was man will.

Kapuzinersuppe

300–500 g Gelbe Rüben
Petersilienwurzel
Selleriewurzel und Paskanat
250 g Kartoffel
30 g Butter
2 EL Mehl
3 EL Semmelbrösel
Salz und Pfeffer
Essig
etwas Petersilien- und Selleriekraut
2–3 in kleine Würfel geschnittene Semmeln

Gemüse putzen, waschen, zerkleinern und in 1–2 l kochendes Salzwasser geben. 10 Minuten kochen lassen und dann die in kleine Würfel geschnittenen, rohen Kartoffeln dazu. Nochmals 10–15 Minuten weich kochen lassen. Mit Butter, Mehl und Semmelbrösel eine helle Einbrenne bilden, zu der man dann noch etwas klein geschnittenes Petersilien- und Selleriekraut gibt. Nun wird mit dem Gemüsesud aufgegossen und mit Salz, Pfeffer und ein paar Spritzer Essig abgeschmeckt. Jetzt wird das gekochte Gemüse in die Suppe gegeben. Diese wird über Semmelstückchen angerichtet, die zuvor in etwas Fett geröstet wurden.

Kapuziner Suppe
Schneide Gelbe Rüben, Petersilwurzl Zeleriwurzl, Paskanat, auf kleine Würfl siede sie im Wasser, dann später siede auch gewürfelt geschnittne Erdäpfl mit, mache eine gelbe Einbrenn, mit Mehl u. Semlbresl auch gewiegtes Petersil u. Zeleri Kräutl, schütte diese Suppe darein, was du noch brauchst Erbsenbrüh, salzen u. Pfeffern, gieb es über gebähte Semlschnitl oder aufgeschnitltes Brod, etwas Essig.

Kartoffelsuppe

400 g Kartoffeln
150 g Suppengrün
1 Zwiebel
50 g Butter
1 EL Mehl
1¼ l Fleisch- oder Erbsenbrühe
Salz

Die rohen Kartoffeln werden geschält und blättrig geschnitten. Eine klein geschnittene Zwiebel wird zusammen mit dem grob geschnittenen Suppengrün und den Zwiebelstückchen in Butter schön braun gedünstet. Mit 2 EL Mehl stauben und nochmals dünsten lassen. Dann wird mit Fleisch- oder Erbsenbrühe aufgegossen und mit Salz gewürzt. Etwa 20 Minuten weich kochen lassen und dann durch ein Sieb passieren. Man kann geröstete Brotschnitten zur Kartoffelsuppe servieren.

Kartoffel-Supp
Die Kartoffel werden grüner abgeschält klein ausgestochen und mit Supp gesotten, dann läßt man Mehl und Petersiliekräutl im Butter anlaufen mit der braunen Supp aufgießen die Kartoffel darein. Man giebt beym Anrichten kleines Brod darein.

Erdäpfelsuppe
Laß Butter mit Zwiebel und Petersilkraut heiß werden, gib rohe Erdäpfel blattlich geschnitten darein, laß es schön braun dünsten, staube ein wenig Mehl daran, laß es dünsten, gieß dann Fleisch- oder Erbsenbrüh daran, salze, laß gut sieden, leg ein Brökl Butter oder gepfazte Semmlschnittl daran und laß aufsieden.

Kartoffelsuppe mit Wurzelgemüse

Zutaten wie oben, aber dazu noch
150 g Selleriewurzel
Porree und 2 Eidotter

Die geschälten, rohen Kartoffeln werden zusammen mit der Selleriewurzel und dem Porree im Wasser 25–30 Minuten weich gekocht. In einer hellbraunen Einbrenne werden die Zwiebelstückchen gedünstet, gesalzen und gepfeffert. Dann wird mit dem Kartoffelsud aufgegossen und 2 Eidotter werden noch dazu eingerührt. Das alles muss dann noch 5–10 Minuten aufkochen.

Kartoffel -Wurzel-Supp
Schneide Gelbe Rüben, Paskona, Puri, weiße Rüben und Erdäpfel länglicht zusammen, gieb dann in ein Reindl Fett und die Wurzl darein, laß es schön weich dünsten, dann staube es mit Mehl, laß es noch mal dünsten, dann gieß es mit Supp auf, beym Anrichten kommt kleines Brod darein.

Kräutelsuppe

1 l Rindsuppe oder Wasser
insgesamt 100 g Kerbelkraut
Spitzwegerich
Löwenzahn
Schafgarbe
Brennessel
Gänseblümchen
Sauerampfer
80 g Mehl
120 g Butter
2 Eier
4 EL Rahm
Salz

In eine helle Einbrenne aus Butter und Mehl werden die gewaschenen und fein gehackten Kräuter gegeben und unter Rühren noch etwa 5 Minuten geröstet. Dann wird mit Wasser oder Rindsuppe aufgegossen. Nachdem etwas Salz dazugegeben wurde, muss die Suppe noch etwa 20–30 Minuten kochen. Erst vor dem Anrichten wird ein Eidotter mit dem Rahm verquirlt und zusammen mit den angegebenen Kräutern in die Suppe gerührt. Noch kurz aufkochen lassen.

Kräutlsuppe
Nim Körbelkraut, Spitzwegern, Kühkas, Monat blümleinstökl, Zigori, Nessel Mäusleitern, wasche es aus, wiege es klein, mache eine dunkelgelbe Einbrenn gieb das gewiegte darein, schütte Fleischsuppe daran u. lasse es gut aufsieden, schlag ein paar Eyerdöder in ein Haferl gieb einwenig Ram darein u. sprugle es gut ab schütte es in die Suppe u. laß es noch aufsieden, richte es über gebähte Semlschnitl an.

Krebssuppe
Siede die Krebsen löse sie von einander, butze sie, gieb es in den Mörser stoße sie klein, die Schweifl und Schären nicht mitstoßen sondern auslösen, die Schölen von den Schweifl u. Schären solst du mitstoßen, stoße auch ein brökl Butter oder Schmalz mit. mache eine dunkel gelbe Einbrenn thue das gestoßene darein, schütte Erbsenbrühe daran, laß es in der Einbrenn recht gut aufsieden, seige es durch einen feinen Seiglöfl, gieb die Krebsschweifl darein, u. richte es über gebähte Semlschnitl an. Wen du willst kanst du ein Ey u. ein paar Semlschnitl im Schmalz bachen u. mit den Krepsen mitstoßen. passen Bresl Knödl darein.

Krebssuppe

6–8 Flusskrebse
230 g Butter
150 g Semmelbrösel
1–2 EL Mehl
Suppengemüse
Petersiliengrün
Erbsensuppe
¼ l Sahne
3 Eidotter
Salz
2–3 in Würfel geschnittene Semmeln

Das klein gehackte Wurzelwerk und etwas Petersiliengrün werden in 150 g Butter geröstet. Mit etwas heißem Wasser aufgießen und die sauber gereinigten Krebse hineinlegen. Hitze und Dampf töten die Tiere sehr rasch. Nach etwa 5 Minuten werden die Semmelbrösel dazu gegeben.

Deckel darauf und etwa 20–30 Minuten dämpfen lassen. Dann werden 1½–2 l Erbsensuppe dazu gegossen. 5 Minuten aufkochen lassen und dann die Krebse herausnehmen. Das Fleisch aus den Scheren und Schwänzen herauslösen. Das klein gehackte Fleisch in die kochende Suppe geben. Die Krebsscheren werden im Mörser fein zerstoßen und mit Butter angeröstet. Dann ein klein wenig Wasser dazu und zusammen aufkochen lassen. Die sogenannte Krebsbutter, die sich auf der Wasseroberfläche bildet, wird abgenommen und in einen kleinen Topf gegeben. Suppe durch ein Sieb passieren, in ein kochendes Wasserbad stellen und die Sahne unter beständigem Rühren mit dem Schneebesen in die Suppe mengen. Die Krebsbutter wird zusammen mit drei Eidottern im heißen Wasserbad zu einer dickflüssigen Masse geschlagen. Diese Masse wird nun unter ständigem Schlagen mit dem Schneebesen in die Suppe gerührt. Die Suppe richtet man über kleine Semmelwürfel an, die zuvor mit etwas Butter angeröstet wurden.

Kuttelflecksuppe

1 kg Kutteln
Einbrenne aus 90 g Fett und 70 g Mehl
1 l Rindsuppe
etwas geriebene Muskatnuss
Majoran
Essig
Salz und Pfeffer
Petersilie

Die Kuttelflecke müssen sauber gewaschen werden, bevor man sie in Salzwasser weich kocht. Danach schneidet man sie in schmale, nudelförmige Streifen. Darauf gibt man sie in eine Rindsuppe oder in eine Einbrennsuppe und schmeckt sie mit den angeführten Gewürzen entsprechend ab. Etwa 10 Minuten muss das alles dann noch kochen.

Ordinäre Kuttel-Suppe
Man nimmt Zwiebel, Petersil und Zellerer-Kraut und Wurzen, wiegt es klein zusammen nimmt dann die blanschirten Kuttelfleg und wiegt sie darunter, gebe Butter in eine Rein, laß Semmelbresel darin anbähen, gieb das Gewiegte darein, staube es mit Mehl und laß es gut verdünsten, gieb Fleischsuppe darein, und laß es gut aufkochen, ehe man es auf die, Tafel giebt, sprudelt ein paar Eierdotter daran, laß es aufkochen, salze es, und richte es über gebähte Semmelschnideln an.

Lebersuppe

160 g Leber
3 Semmeln
150 g Butterschmalz
50 g Butter
50 g Mehl
Salz
Pfeffer
Petersiliengrün
1 Zwiebel
2 Eier
1½ l Fleischbrühe
Brotwürfel

Leber-Supp-gestoßen
Schneide die Leber in kleine Schniten, walze selbe in Mehl, backe sie im heißen Schmalz, so wie auch Semmelschnittel, Zwiebel und ein paar Eier – das alles stoße fein zusammen, dann gieb in ein Reindl ein Stückl Butter, thue das gestoßene hinein, laß es eine Zeit dünsten, staub es mit Mehl gieß Suppe daran und laß es aufkochen. Dann seihe alles durch und gieb beym Anrichten kleines Brod hinein.

Die Leber wird in dünne Scheiben geschnitten. Die werden in Mehl gewälzt und im heißen Schmalz zusammen mit einer geschnittenen Zwiebel, zwei Eiern und Semmelschnitten gebacken. Dies alles nimmt man dann mit einem Seiherlöffel aus dem Schmalz, lässt es gut abtropfen und wiegt oder schneidet es klein. Diese Masse gibt man jetzt in eine mit Butter gefettete Reine und lässt sie zusammen mit dem Petersiliengrün 10–15 Minuten dünsten, ehe man sie mit Mehl bestäubt. Nun schüttet man die Fleischbrühe dazu und lässt alles einige Minuten aufkochen. Schließlich kann, je nach Geschmack, die Suppe auch durchgeseiht werden. Angerichtet wird sie über gerösteten Brotwürfeln.

Sauerampfersuppe

1 l Fleischsuppe
60 g Sauerampfer
60 g Mehl
80 g Butter
2 Eier
3 EL Rahm
Salz

Kühkas Suppe
Wiege Kühkas klein, mache eine gelbe Einbrenn, gieb den Kühkas darein, Salz ihn, laß ihn ein wenig anlaufen, gieb Fleischsuppe darein, u. laß es gut aufsieden, seihe es, u. richte es über gebähte Semlschnitl an. eben so wird auch die Kräutl Suppe gemacht.

Aus Butter und Mehl wird eine helle Einbrenne gemacht. Dazu gibt man den gewaschenen und fein gehackten Sauerampfer und röstet ihn noch etwa 6 Minuten in der Einbrenne. Dann wird mit Wasser oder Fleischsuppe aufgegossen und gesalzen. Das Ganze lässt man dann noch etwa 20 Minuten kochen. Bevor die Suppe angerichtet wird, verquirlt man zwei Eidotter mit dem Rahm und rührt dies in die Suppe.

Sauere Suppe

1 l sauere Milch (mundartlich: „gstöcklte Milch" oder „Seibärn")

¼ l Wasser
⅛ l normale Milch
2 EL Mehl
Salz

Sauere Suppe
Nehm vom Weidling den sauern Rahm ab, thue etwas sauere Milch in ein Haferl – dann schütte in die ander Milch Waßer und laße sie sieden – dann nimm 4 Kochlöffel Mehl – rühre es mit der weggenommenen kalten Milch ab und gieße dann die siedende Milch darein – dann stelle sie wieder auf die Platte und rühre beständig um, damit es keine Bötzln giebt – dann schütte die andere Milch /: die man vorher ein Haferl voll wegnimmt :/ darauf und stelle sie weg – erst beym Anrichten rühre etwas sauern Rahm ab und gieße die Milch daran – salzen auch.

In der warmen Jahreszeit kann aus normaler, nicht entrahmter Milch eine sauere Milch hergestellt werden, indem man diese 2–3 Tage in einem möglichst weiten Tongefäß bei Zimmertemperatur stehen lässt.

Für die sauere Suppe wird zunächst der Rahm, der sich oben abgesetzt hat, weggenommen. Darauf wird die sauere Milch mit Wasser und etwas Salz verquirlt und unter ständigem Rühren 10 Minuten gekocht. Nun verrührt man in der normalen Milch das Mehl und gibt dies zu der saueren Milch. Die Suppe soll dickflüssig sein. Erst beim Anrichten kann der vorher von der saueren Milch abgenommene Rahm wieder dazu gegeben werden. Zu dieser saueren Suppe können gekochte und geschälte Kartoffeln oder Brotschnitten gegessen werden.

Schwammerl-Suppe
Die Schwammerl werden sauber geputzt und gewaschen, dann in Butter gedünstet mit Petersilkräutl und Salz. Wenn sie weich sind, giebt man ein wenig Mehl daran und laßt es noch dünsten, dann giebt man Fleischbrüh daran, daß es in der Dicke wird, wie ein anderes Gemüs. Auch ein paar Löffel voll Rahm dazu. Laßt es gut sieden. Man kann auch eine dicke Buttersoß machen und die Schwammerl darin sieden.

Schwammerlsuppe

2 mittelgroße Steinpilze
1 Rotkappe
1 Birkenpilz
eine Handvoll Pfifferlinge
1 l Rindsuppe
etwas Petersilienkraut
1 EL Mehl
70 g Butter
Salz
Pfeffer
3 EL Sauerrahm

Die Pilze werden sauber geputzt, blättrig geschnitten und zusammen mit dem grob geschnittenen Petersilienkraut 10 Minuten in Butter gedünstet. Darauf wird etwas Mehl daran gestaubt und mit 1 l Rindsuppe aufgegossen. Nun wird zur Verfeinerung des Geschmacks der Rahm dazu gegeben. Das alles lässt man noch 15–20 Minuten leicht kochen und schmeckt dann mit Salz und Pfeffer ab. Mit Semmelknödel oder gerösteten Semmelstücken zu Tisch geben.

Wasserschnoizn

70 g Butterschmalz
60 g Mehl
1 l Wasser oder Rindsuppe
eine Prise Salz und Kümmel
Petersilienkraut
Schnittlauch

Die helle Einbrenne aus Butterschmalz und Mehl wird mit 1 l warmer Rindsuppe oder nur mit Wasser aufgegossen. Etwa 5 Minuten kochen lassen, wobei je nach Geschmack eine Messerspitze Kümmel und Salz dazu gegeben wird. Beim Anrichten wird mit Petersilie und Schnittlauch der Geschmack noch verfeinert. Als Einlagen dazu können Nudeln oder in Würfel geschnittenes, geröstetes Brot gereicht werden.

Einlasssuppe
Zu einen Eu nimt man 1 guten Löfl vol schönes Mehl in ein kleines Haferl rirt es fein ab laßt es in siedente Fleischsuppe eintropfen.

Wurzelsuppe

400 g Gelbe Rüben
Petersiliewurzeln
Selleriewurzeln
Porree
1 Zwiebel
50 g Butter
50 g Mehl
Salz

Wurzelsuppe
Gieb in einen Tegl, frische abschöpf fetten, dann werden Gelbe Rüben, Petersilwurzl, Zelleri, Pori etwas Zwiebel, werden geschniten, feiner als wie die gelben Rüben, laß es in der Fette schön lichtbraun dünsten, man kann auch etwas Suppe, daß es nicht anbrennt geben, hernach staubt man's, gieb Suppe darauf u. laß es gut aufsieden.

Das gewaschene, geschabte und klein geschnittene Wurzelwerk wird in 1 l Wasser fast weich gekocht. Aus Butter und Mehl wird eine hellbraune Einbrenne zubereitet. Dazu wird die klein geschnittene Zwiebel gegeben und etwas gedünstet. Mit etwas Sud von dem gekochten Wurzelwerk wird aufgegossen. Nach einigem Aufkochen wird dies der Suppe beigemengt. Nun muss die Suppe noch 20–30 Minuten kochen. Mit Salz wird abgeschmeckt.

Grüne Kartoffelsuppe

1 kg Kartoffeln
2 Zwiebeln
3 Gelbe Rüben
1 Knolle Sellerie
3 Stangen Lauch
60 g Majoran
Salz
Pfeffer
3 Lorbeerblätter
Petersilie
1/4 l saure Sahne
knapp 2 l Wasser

Zunächst wird das Gemüse gewaschen, die Kartoffeln und die Gelben Rüben werden geschält. Daraufhin schneidet man alles in Würfel. In einem ausreichend großen Topf werden die klein geschnittenen Zwiebel in Butterfett glasig gedünstet. Dann werden, mit Ausnahme der Kartoffelstücke, die Gemüsewürfel zum glasigen Zwiebel in den Topf gegeben. Unter ständigem Rühren dünsten sie hier etwa sechs bis sieben Minuten mit. Dann wird das heiße Wasser dazugegeben und auch die Kartoffelstücke kommen jetzt in den Topf. Aufkochen lassen und bei mittlerer Hitze etwa 30 Minuten fertig kochen. Nachdem die Suppe durchpassiert wurde, wird Sauerrahm dazugerührt und Petersilie darübergegeben.

Buttermilchsuppe

1/2 l Buttermilch
1/4 l Vollmilch
1 EL Mehl
Salz

Buttermilch, Vollmilch und eine Prise Salz werden miteinander verrührt und erhitzt. In einer Tasse wird ein Esslöffel Mehl mit ein wenig Milch zu einem Teig angerührt und in die erhitzte Milch eingerührt. Etwa fünf Minuten kochen lassen. Kurz vor dem Servieren werden noch in Butter angeröstete Brotwürfel in die Suppe gegeben.

Suppeneinlagen

Hirnschöberl

200 g Kalbshirn
40 g Butter
2 Semmeln
Petersilie
2 Eier
Salz und Pfeffer
1 l Fleischbrühe
1 kleine Zwiebel
Fett und Semmelbrösel für die Form

Hirn-Schöberl
Treibe ein Stückl Fett oder Butter pflaumig ab, schlag Eierdötter daran, übersiede das Hirn, reinige es von der Haut hacke es groß, salze und pfeffere es gut gieb eine in Milch geweichte Semmel, die ausgedrückt wird, dazu, das Klar zu Schnee dieß alles rühre gut in einander ab, hernach schmiere ein Beck mit Butter und gieb es in Dunst, laß es eine gute Stunde dünsten, alsdann schneide es in länglichte Stücke und laß es in der braunen Supp aufsieden.

Kalbshirn wässern, brühen, mit kaltem Wasser überschütten, enthäuten und durch den Fleischwolf drehen. Zwei Semmeln werden in Milch eingeweicht und ausgedrückt. Die fein geschnittene Zwiebel und Petersilie in 1 EL Butter andämpfen. Die übrige Butter rührt man schaumig und rührt nach und nach das Kalbshirn, den Dotter der zwei Eier und alle übrigen Zutaten darunter. Diese Masse wird nun etwa noch 10 Minuten weiter geröstet. Schließlich wird der Schnee von zwei Eiweiß darunter gehoben. Mit Salz und Pfeffer wird abgeschmeckt. Diese Masse wird in eine gefettete und mit Semmelbrösel bestäubte Backform oder Reine gegeben und bei 190 Grad C 15–20 Minuten gebacken. Nach dem Backen stürzen, erkalten lassen und in kleine Würfel schneiden. Die Schöberl werden mit Schnittlauch in heißer Fleischbrühe angerichtet.

Katzengeschrei

150 g Kalbfleisch
30 g Butter
2 EL Mehl
1 Ei
Salz
Pfeffer
1 Zwiebel
Petersilie
etwas Zitronenschale
1 Semmel

Katzengeschrei
Schneide Kalbfleisch zu kleinen Brökl, gieb Butter in einen Tegl, daß Fleisch darein, wiege Petersilkräutl, Zwiebel, Lemonischöln klein zusammen, gieb es in den Tegl, Salz, dünste es gut, staube es, u. gieb Fleischsuppe daran, u. laß es gut aufsieden.

Das klein gehackte Kalbfleisch wird in einem mit Butter gefetteten Topf zusammen mit der klein geschnittenen Zitronenschale, Zwiebel und Petersiliengrün gedünstet. Dazu kommen dann noch eine in kleine Würfel geschnittene Semmel sowie eine Prise Salz, Pfeffer und das Mehl. Unter ständigem Rühren dünste dies noch etwa 5 Minuten. Dann gibt man diese Einlage in eine heiße Fleischsuppe.

Leberreis

125 g Kalbsleber
50 g Butter
2 Eier
Salz und Pfeffer
Petersilie
1 kleine Zwiebel
2 Semmeln
¼ l Milch

Löber Reiß
Wiege Leber u. Petersilkräutlklein zusamen, treibe Butter pflamig ab, schlag ein Ey, nimm Eßlöflvol schönes Mehl gut verrührt, wieder ein Ey u. ein Löflvol-Mehl, thue die Leber darunter, pfeffere es, u. verrühre es gutmache Fleischsuppe siedent in einen Tegl, nim den Teig, u. treib ihn durch das Reibeisen, in die siedende Fleischsuppe, wenn du viel machst, so mußt du es mit einen Seiglöfel öfters her-ausmachen, u. wen du fertig bist wieder hinein thun, siede es noch auf, richte es an, gieb Schnittler darauf.

Die Leber zusammen mit der Petersilie und der Zwiebel durch den Fleischwolf drehen. Butter erhitzen und schaumig rühren. Dann das Mehl, die Gewürze und die in Milch getauchten, kräftig ausgedrückten Semmeln dazu geben. Diese Masse soll nun etwa 30 Minuten quellen, ehe man sie durch den Spätzleseiher oder ein umgedrehtes Reibeisen in die kochende Rindsuppe drückt. Nun lässt man die Suppe aufkochen und dann noch 5–10 Minuten ziehen. Beim Anrichten gibt man Schnittlauch darüber.

Mehlschöberl

2 Eier
50 g Butter
50 g Butterschmalz
2 EL Mehl
Salz
etwas Muskatnuss
Schnittlauch
Fett und Semmelbrösel für die Form

Wenn Butter und Schmalz zusammen mit den Eidottern schaumig gerührt sind, wird etwas Salz, das Mehl, ein wenig Muskatnuss und Schnittlauch sowie das zu einem steifen Schnee geschlagene Eiweiß darunter gemengt. Die Masse wird in eine gefettete und mit Semmelbrösel bestaubte Form oder Reine gegeben. Backe sie im Rohr bei 160 Grad C etwa 15–20 Minuten goldgelb und lasse sie auskühlen. Dann schneide sie in längliche Streifen, Würfel oder in eine andere, beliebige Form. Man serviert sie zu heißer Rindsuppe.

Mehl Nökerl
Thue Mehl in eine Schüßl schlag 1 Ey u. ein Doder darein, Salz, mache es mit Milch an, leg es in siedendes Wasser.

Schöberl
Treib Butter ab schlag 3 Eyerdöder ein nach den andern gut verrührt die Eyerklar werden zu Schnee geschlagen, den Schnee darein ein wenig Salzen mach es mit schönen Mehl an, thue es in ein geschmirbtes u. ausgebreseltes Bek, u. bache es schön, schneide vierekichte Stückl u. giebs in die Suppe.

Fleischgerichte

Euterpflanzl

500 g Euter
2 Eier
Salz und Pfeffer
fein gehackte Zitronenschale
1 klein gehackte Zwiebel und Petersilie
90 g Butter
150 g Semmelbrösel
⅛ l Sauerrahm

Wiemer-Schnitzl
Man nimmt ein Stück Auterschaln salzt und pfeffert es, giebt ein wenig Zwiebel und Limonieschaln hinein und hackt es fein zusammen. Dann giebt man in eine Frikando Pfanne ein Stück Butter, laßt ihn zerschleichen und legt das Schnitzl hinein, läßt es auf beyden Seiten braun werden und trapft es mit Limoniesaft.

Das etwa 30–50 Minuten in Salzwasser gekochte Euter wird durch den Fleischwolf gedreht und dann zusammen mit den Gewürzen zu einer Masse geknetet, die man in eine fingerdicke, runde Form bringt (ähnlich wie Fleischpflanzl). Diese Pflanzl werden dann in Eiklar getaucht und kräftig mit Semmelbrösel bestreut. In einer Reine lässt man Fett heiß werden, legt die Euterpflanzl hinein und lässt sie auf beiden Seiten braun braten. Vor dem Anrichten kann man sie noch mit Zitronensaft und ein wenig Sauerrahm beträufeln.

Trockene Schnitzln
Man nimmt ein Stück Auterschale, schneidet sie in kleine Schnitzln, salzt sie und hackt sie fein, giebt ihnen eine runde Form und macht sie fingerdick. Dann tunkt man sie in Eierklar, bestreut sie gut mit Semmelbrösel, giebt dann in ein Reindl ein Stück Butter, laßt ihn zerschleichen und legt die Schnitzln hinein, laßt sie auf beyden Seiten braun werden und vor dem Anrichten tropft man sie mit Limonie-Saft und ein klein wenig sauern Rahm.

Euterschnitzel

400 g Euterschale,
2 Eier
100 g Semmelbrösel
80 g Butter
Salz
Pfeffer

Das Euter wird 30–40 Minuten in Salzwasser gekocht, bis es weich ist. Dann schneidet man es knapp fingerdick blättrig auf und salzt es. Diese Euterschnitzel werden dann in Eiklar und darauf in Semmelbrösel gewendet, in eine Pfanne mit heißem Fett gegeben, zwischendurch gewendet und herausgebacken wie Schnitzel.

Fleckerlspeise

400 g Mehl
100 g Selchfleisch
(geräucherter Speck)
1 Zwiebel
7 Eier
Salz
30 g Butter
⅛ l Sauerrahm

Fleckelspeise
Man macht von 3 Eiern Fleckel und siedet sie, dann wieget man ein gesotenes geselchtes Fleisch klein zusammen und schlaget 8 Eier in einen Hafen und einen sauern Rahm und rirt es ab, salzt es ein wenig dann den Model breselt man aus, in den Boden kommen Fleckel, dann das Fleisch, dann wieder Fleckel, dann die Eier darüber, so macht man es fort, der Fleckel-Teig muß vor und nach dem Reiden gesalzen werden und die Speise muß langsam heraus gebacken werden.

Aus Mehl, einem Ei, Salz und wenig lauwarmem Wasser wird ein fester Teig gemacht. Diesen lässt man nun 30 Minuten ruhen, walkt ihn dann aus und schneidet Fleckerl davon, die man dann trocknen lässt. Darauf kocht man sie kurz in leicht gesalzenem Wasser. Inzwischen wird der klein geschnittene Speck zusammen mit der fein geschnittenen Zwiebel in einer Pfanne im heißen Fett geröstet. Außerdem werden in einem Topf 6 Eier mit Sauerrahm und einer Prise Salz verquirlt. Jetzt wird eine eingefettete Form mit Semmelbrösel bestreut, in die man zunächst eine Schicht Fleckerl legt. Darauf gibt man dann eine Schicht von dem klein geschnittenen Speck. Darüber wieder eine Schicht Fleckerl. Darauf von dem Rahm-Eiergemisch eine Schicht. Darüber wieder Fleckerl und so fort. Wenn alles aufgebraucht ist, wird die Form in das Backrohr geschoben und bei 190–200 Grad C etwa 20–30 Minuten gebacken.

Fleischknopf

500 g Kalbfleisch
1 Zwiebel
Salz
Pfeffer
Petersilie
1 TL abgeriebene Zitronenschale
½ l Milch
4 Semmeln
3 Eier

Fleischknopf
Hacke übergebliebenes kaltes Kalbfleisch zusammen, etwas Citronenschale und Zwiebel dazu, um 2 X in Milchgeweichte Semmel, ausgedrückt und 6 Eyer dazu binde die Maße in ein Serwiette und laß es 1 Stunde in Waßer kochen. PetersiliSauce dazu.

Vom Vortag übrig gebliebenes, gekochtes oder gebratenes, erkaltetes Kalbfleisch wird mit einer klein geschnittenen Zwiebel, geschnittener Petersilie und etwas geriebener Zitronenschale vermischt. Dazu mengt man dann 4 in Milch eingeweichte und fest ausgedrückte Semmeln sowie 3 Eier. Diese Masse wird gut miteinander verknetet, zu einer Kugel geformt und mit Salz und Pfeffer abgeschmeckt. Darauf bindet man sie straff in eine weiße Stoffserviette und lässt sie etwa 1 Stunde kochen. Zum Anrichten schneidet man den Fleischknopf in Scheiben und gibt eine Petersiliensoße darüber.

Gebratene Gans

Für 8 Personen:
1 Gans (3½–4kg)
Salz und Pfeffer
Beifuß
¾ l heißes Wasser
dunkles Bier

Bratzeit: 2½–3½ Stunden
Temperatur: Erste Hälfte der Bratzeit 210–220 Grad C, danach 190–200 Grad C

Die Gans wird gewaschen, abgetrocknet, innen mit Salz, Pfeffer und Beifuß gewürzt und außen mit Salz und Pfeffer eingerieben. Es empfiehlt sich, große Tiere bereits am Abend zuvor zu würzen. Mit der Brust nach unten in den Bräter legen, etwa ¼ l kochendes Wasser dazu gießen und in das vorgeheizte Rohr schieben. Nach der halben Bratzeit die Gans wenden und immer wieder mit der Soße begießen. Dabei mehrfach die Haut mit einer Gabel anstechen, damit das überschüssige Fett ausbraten kann. Bei Bedarf heißes Wasser nachgießen. Nach dem Ende der Garzeit wird die Gans mit der Brustseite nach oben auf den Rost über die Bratreine gelegt, mit Salzwasser eingepinselt und mit Bier übergossen. Damit die Haut knusperig wird, lässt man die Gans noch 10 Minuten überbräunen.

Gebratene Gänse.
Butze es sauber, und salze es gut ein, richt es in die Rein, schütte ein wenig Wasser darein, und bratte es, bis es die Füße aufziht und du glaubst das es ausgebraten ist, wen es fertig ist muß der Bauch auf der Höhe sein. Einen Anitfi oder Zelerer Salat dazu.

Gansjung

Unter Gansjung oder Gänseklein versteht man Kopf, Hals, Füße, Flügel, Magen, Leber und Herz der Gans.

600 g Gansjung
300 g Wurzelwerk
1 große Zwiebel
1 Knoblauchzehe
40 g Fett
¾ l Wasser
Salz
Pfeffer
Thymian
1 Lorbeerblatt
4 Pfefferkörner
4 Wacholderbeeren

Zur Soße:
40 g Gänsefett
2 EL Mehl
¾ l Sud
etwas Zitronensaft
Petersilie
5 EL Sahne

Das Gansjung wird mit klein geschnittener Knoblauchzehe, Zwiebel und Wurzelwerk in heißem Fett angebraten, gesalzen, gepfeffert und mit heißem Wasser aufgegossen. Jetzt gibt man sämtliche angegebenen Gewürze dazu und lässt das Ganze 50–60 Minuten kochen, bis das Fleisch weich ist. Dann wird aus Gänsefett und Mehl eine hellbraune Einbrenne zubereitet, zu der man den durchgeseihten Sud gießt. Dies lässt man etwa 5 Minuten kochen. Die Soße wird mit Sahne verfeinert und mit Petersilie und Salz abgeschmeckt. Dann kommt das klein geschnittene und von den Knochen abgelöste Fleisch wieder hinein. Die Soße noch etwa 5 Minuten ziehen lassen. Als Beilage eignen sich Semmelknödel oder Salzkartoffel.

Gansjung
Zerschneide das Gansjung, gieb es in einen Tegl, gieb blatlicht geschnittene Zwiebel, Lemonischöln, Nagerl, ganzes Neugewürtz, u. ganzen Pfeffer, Safran, Lorberblatl, und Essig daran, u. Wasser, siede es ganz weich.

Gehäckstrudel

Strudel:
250 g Mehl
1 Prise Salz
2 EL Öl
⅛ l lauwarmes Wasser

Fülle:
70 g Butter
1 Zwiebel
Petersiliengrün
450 g gekochte Fleischreste
3 Eier
Salz und Pfeffer

Gehäck Strudl
Wiege gebratenes Fleisch, wiege Petersilkräutl, Zwiebel, treibe Butter ab, schlag 3 Eyer eins nach den andern, gut verrührt, thue das gewiegte Fleisch darein, auch das Petersilkräutl u. Zwiebel, Pfeffere und Salz ihn, mach ihn gut durcheinander, wirche einen kurzen Strudl u. schlag ihn in ein Tuch binde ihn mit Spagat, u. siede ihn in Wasser, wenn er gesoten, nim das Tuch weg, u. zerschneide ihn, u. gieb ihn in die Suppe.

Bereite aus dem Mehl, Öl, Wasser und Salz einen Strudelteig, knete ihn tüchtig durch, bis er ganz homogen ist und lasse ihn 30 Minuten ruhen. Als Fülle röstet man in 70 g Butter die fein geschnittene Zwiebel und Petersilie und mengt die klein geschnittenen Fleischreste, sowie die Eier dazu. Mit Salz und Pfeffer wird gewürzt und abgeschmeckt. Jetzt wird der Strudelteig auf einem mit Mehl bestäubten Nudelbrett ausgerollt und von Hand möglichst dünn ausgezogen. Die Fülle wird auf dem ausgezogenen Teig so ausgebreitet, dass ein etwa Hand breiter Streifen frei bleibt. Diesen Streifen bestreicht man mit dem verquirlten Ei und rollt dann den Strudel nach der freien Seite hin ein. Der durch das Ei klebrig gewordene Streifen schließt den Strudel über die gesamte Länge. Die Enden werden fest zugedrückt. Nun kann man den Strudel in ein sauberes Tuch binden und in kochendem Salzwasser 12–15 Minuten sieden. Danach nimmt man ihn heraus, wickelt ihn aus, schneidet ihn in fingerdicke Streifen und richtet ihn mit Rindsuppe an.

Geröstete Nieren und Leber

125 g Schweine- oder Rindernieren
125 g Leber
1 Zwiebel
100 g Butter
2 EL Mehl
Salz
Pfeffer
Essig
⅛ l Fleischsuppe

Geröstete Nirn mit Leber
Schneide Nirn und Leber blatlicht, thue Butter in einen Tegl, laß heiß werden, thue die Nirn, u. Leber darei, Salz, reste es schön braun, staube sie, gieb Fleischsuppe daran, und pfeffere es, auch ein wenig Muschgatnuß u. Essig.

Die Leber wird gewaschen, enthäutet und ebenso wie die Nieren blättrig geschnitten. Die klein geschnittene Zwiebel wird in einer Pfanne mit Butter geröstet. Dazu gibt man die Leber- und die Nierenschnitten und lässt alles 5–6 Minuten weiterrösten. Mit Mehl wird gestaubt und unter Zugabe von Fleischsuppe gut verrührt. Dann kommen noch etwas Pfeffer und ein wenig Essig daran. Jetzt lässt man das alles nochmals gut aufkochen und eindicken. Die Leber darf man erst ganz zum Schluss vor dem Servieren salzen!

Kalbsvögerl

750 g Kalbsschulter oder Kalbsschlegel
200 g geräucherter durchwachsener Speck
3 Kapern
2 Sardellen
1 EL Petersiliengrün
100 g Butter
1 Ei
4 EL Sauerrahm
2 in Milch geweichte Semmeln
1 EL Mehl
Salz
1/8 l Rotwein

Zuerst wasche die Kalbsschulter oder den Schlegel, trockne ihn ab und schneide ihn in dünne Schnitten. Diese werden geklopft und leicht gesalzen. In wenig Fett lässt man nun den klein geschnittenen Speck, die Petersilie, die Kapern, die klein geschnittenen Sardellen und die ausgedrückten Semmeln etwas anbraten und weich dünsten. Wenn diese Masse ausgekühlt ist, werden 1 Ei und 2 EL Sauerrahm dazugemengt. Damit werden die Fleischschnitten bestrichen. Diese werden darauf eingerollt, mit Spießen oder mit einem Bindfaden zusammen gehalten und in heißem Fett weich gedünstet. Wenn sie weich sind, mischt man in den Saft etwas Mehl und den restlichen Sauerrahm. Mit Rotwein aufgegossen lässt man das Ganze noch zugedeckt 40–50 Minuten dünsten.

Kälberne Vögl
Nimm einen Schlegl, schneide dünne Schnitz, klopf sie schön breit, salze sie und mach einen Faisch – hacke nämlich kälbernes Fleisch, auch milgeweichte Semmel, ein paar Sardellen, Capern, Citronenschaln, alles klein. Treib einen Butter ab, schlag Eyer dran – rühr dann das Gehackte darunter Petersilie, Gewürz, Milch, Rahm Salz. Streich von diesem Faisch auf die zubereiteten Schnitz, flicke es zusammen, steck es am Spieß, begieß sie mit Butter, streu Citronenschaln darüber, mach eine Sauce darüber, oder nimm zubereitete Schnitze mit grobem Speck unterlegt, nimm von einem geselchten rohen Schinken das Fleisch, hacke es klein, streich Citronenschaln und Gewürz drauf. Zusammengerollt, richtet man es in eine Rein mit Butter belegt, ein wenig rothen Wein, laß es recht schön mürbe dünsten, unten und oben Gluth. Mach dann ein Sauce darüber.

Kalbswenst

800 g Kalbsbauch
90 g Butter
40 g Mehl
1 Zwiebel
1 Lorbeerblatt
Zitronenschale
Zitronensaft oder Essig
Salz
1 l Fleischsuppe

Kalbswenst
Siede den Wenst schneide ihn, mache eine bräunliche Buttereinbrenn, auch Zwiebel in die Einbrenn thue den Wenst darein, schütte Fleischsuppe daran, thue ein Lorberblatl, Neugewürtz, Lemonischöln, Salz wen's nöthig, säuere es mit Lemonisaft od. Essig, laß es recht gut aufsieden, kanst auch Kälberfüße darein geben.

In einer Pfanne werden 50 g Butter schaumig gerührt. Die fein geschnittene Zwiebel lässt man darin zusammen mit dem gesalzenen Kalbsbauch dünsten. Mehrfach wird mit Fleischsuppe aufgegossen, zu der man ein Lorbeerblatt, eine Prise Salz, Zitronenschale und Zitronensaft (oder Essig) gibt und kocht alles zusammen so lange, bis das Fleisch beginnt weich zu werden. Dann nimmt man das Fleisch heraus und schneidet es in Schnitten, die man dann wieder in die Pfanne legt. Die Soße wird mit einer aus Mehl und der übrigen Butter zubereiteten Einbrenne verdickt und mit fein geschnittener Zitronenschale und etwas Zitronensaft gewürzt. Darin wird das Fleisch so lange gedünstet, bis es weich ist. Im Rohr wird nun der Kalbswenst 40–60 Minuten goldbraun gebacken.

Kuhschweif

1 kg Kuh- oder Ochsenschwanz
40 g Fett
1 Zwiebel
1 Knoblauchzehe
Petersilienwurzel
1 Lorbeerblatt
4 Pfefferkörner
½ l Fleischbrühe
Salz
30 g Mehl

Ochsen oder Kuhschweif
Zerstückle den Schweif, thu ihn in ein Tegl gieb Essig u. Wasser daran, thu ein Lorberblatl, Petersilwurzl Suppe mit abgedriebene Fleischknödel. Rindfleisch mit sauern Kraut und Ranner. Bier. Gebachenes Lampl mit gedünste Äpfel. Mehlschmarng. Schwarze Mandltorte und Blitzkuchen. Wein.

Den in Stücke gehackten Kuhschweif in heißem Fett mit fein geschnittener Zwiebel, grob geschnittener Petersilienwurzel und geschnittenem Knoblauch braun anrösten. Mit Mehl bestäuben und durchrösten. So viel Fleischbrühe dazu geben, bis das Fleisch knapp bedeckt ist. Salz, Lorbeerblatt und Pfeffer dazu geben und zugedeckt etwa zwei Stunden weich schmoren. Aus Fett und Mehl eine goldgelbe Einbrenne bilden und mit der Brühe allmählich aufgießen. Jetzt muss alles noch 10 Minuten kochen. Mit etwas Rotwein kann abgeschmeckt werden. Als Beilage empfehlen sich Semmelknödel, Brot oder Kartoffeln.

Leberdirndl

300 g Rinderleber
250 g dunkle Weinbeeren
250 g helle Weinbeeren
4 Eier
40 g Butter
150 g Semmelbrösel
die Schale von einer ½ Zitrone
Salz
100 g Zucker
Bauchnetz vom Schwein
(muss beim Metzger bestellt werden)

Leber Dirndl
Treibe Butter od. Schmalz pflamig ab schlag 4 Eyer, eins nach den andern gut verrührt, um 3 Xr Semlbresl, ½ Pfund Zieben, ½ Pfund Weinberen, ½ Virtig gestoßen Zuker, ½ Pfund Rindsleber, von einer halben Limoni die Schöln, das mache dann wie einen Knödlteig an, aber nicht so fest, einwenig Salzen, Schmirbe eine Schüßl oder einen Modl thue das Netz darein, schmirbe das Netz, thue den Teig darein, schlag das Netz zusamen, bache ihn im Rohr.

In einem Topf wird die Butter schaumig gerührt. Dazu werden nacheinander die vier Eier, die Semmelbrösel, die durch den Fleischwolf gedrehte Rinderleber, die Weinbeeren, der Zucker, etwas Salz und die fein geschnittene Zitronenschale gegeben. Das alles wird 5–10 Minuten miteinander gedünstet und verrührt. Diese Masse wird dann vom Herd genommen und unter Zugabe von einer Prise Salz wie ein etwas weicher Knödelteig angemacht. Nun breitet man das Bauchnetz in die eingefettete Reine. Das Netz wird jetzt mit Fett eingestrichen. Darauf füllt man den Teig in das Netz (in der Form wie ein Hackbraten) und schlägt dieses oben zusammen, sodass der Teig komplett eingeschlossen ist.

Herren-Lüngerl

½ kg Kalbslunge
½ kg Herz und Zunge
150 g Fett
180 g Mehl
Wurzelwerk
1 Zwiebel
Petersilie
2 Lorbeerblätter
5 Pfefferkörner
8 Wacholderbeeren
Salz und Pfeffer
Essig
Zitronenschale
eine kleine Msp Safran

Lunge, Herz und Zunge werden gewaschen und zusammen mit dem geputzten und klein geschnittenen Wurzelwerk sowie den aufgeführten Gewürzen weich gekocht. Dann lässt man sie auskühlen und schneidet sie in nudelförmige, schmale Streifen. Aus Butter und Mehl wird eine mäßig dunkle Einbrenne gefertigt, die mit dem abgekühlten und durchgeseihten Sud, in dem die Lunge gekocht wurde, aufgegossen wird. Das Lüngerl kann noch mit etwa ¼ l saueren Rahm, Zucker und Zitronensaft abgeschmeckt werden.

Herren-Lungen-Suppe
Man nimmt Zwiebel, Petersil und Zellerer-Kraut und Wurzen, wiegt es klein zusammen nimmt dann eine blanschirte Kalbslunge und ein Herz und eine Zunge wiegt sie darunter, gebe Butter in eine Rein, laß Semmelbresel darin anbähen, gieb das Gewiegte darein, staube es mit Mehl und laß es gut verdünsten, gieb Fleischsuppe darein, und laß es gut aufkochen, ehe man es auf die, Tafel giebt, sprudelt ein paar Eierdotter daran, laß es aufkochen, salze es, und richte es über gebähte Semmelschnideln an.

Lüngerl zur Leich

1 kg Kalbslunge
160 g Fett
190 g Mehl
Wurzelwerk
1 Zwiebel
Petersilie
Lorbeerblätter
Pfefferkörner
Wacholderbeeren
Salz und Pfeffer
Essig
Zitronenschale

Die Lunge wäscht man und kocht sie zusammen mit dem geputzten und klein geschnittenen Wurzelwerk und den Gewürzen weich. Nach dem Auskühlen wird sie in schmale Streifen geschnitten. Nun macht man aus Butter und Mehl eine dunkle Einbrenne. Diese gießt man auf mit dem Sud, in dem die Lunge gekocht wurde und lässt alles nochmals 10–20 Minuten kochen. Beilage: Semmelknödel oder Salzkartoffel.

Lüngerl zur Leich
Brüte die Lungl, schneide sie klein, mache eine lichtbraune Butter Einbrenn, thu das Lüngerl darein, thue ein Lorberblatl, Neugewürtz Pfeffer, Safran, Salz u. ein wenig Essig daran, thue Fleischsuppe daran, laß es gut aufsieden, kanst auch zerschnitene Kälberfüße darein geben.

Milz gedünstet

750 g Milz
40 g Butter
1 Zwiebel
Petersilie
Porree
2 EL Essig
etwas Zitronensaft
1 Zitronenscheibe
Salz
1 EL Mehl
½ l Fleischsuppe
Sahne

Milz
Nimm ein Stüc Milz, häute sie ab, dann schneide dünne Blättl herab – schneide Zwiel, Petersil daran, thue Salz und etwas Mehl darunter – vermenge Alles Thue in ein Reindl Fett, thue die Milz hinein – vermische Suppe und ein klein wenig Eßig dazu, lass dünsten.

Fleisch waschen, salzen und in heißer Butter mit der Zwiebel, der Petersilie und dem Porree anbraten. Mit etwas Mehl stauben, mit Salz und der Zitrone abschmecken und dünsten lassen. Jetzt schüttet man die Hälfte der Fleischbrühe, den Essig und etwas Zitronensaft dazu und lässt das alles etwa 1 Stunde zugedeckt weich dünsten. Bei Bedarf Suppe nachgießen. Die Soße wird vor dem Anrichten durchgeseiht und kann mit Sahne abgeschmeckt werden.

Ochsengaumen (Sulze)

600 g Ochsengaumen
1 Zwiebel
die Schale von einer ½ Zitrone
3 Nelken
¼ l Fleischsuppe
¼ l Essig
Salz und Pfeffer
3 EL Öl

Ochsengaum
Siede den Obergaum recht weich, schneide ihn fein länglicht, gieb Zitronenschaln ein Haipl Zwiebel mit Nelken gespickt dazu, gieß halb Supp, halb Eßig darein und laß es sieden; salze und pfeffere es, dann nimm den Zwiebel heraus, gieß alles in eine zinnerne Schüßel und laß es sulzen; dann schneide es in Stücke, gieb Eßig und Öl daran oder garnire ihn mit Aspik.

Der Ochsengaumen wird in Wasser mit etwas Salz etwa 1 Stunde weich gekocht. Dann wird er in Streifen geschnitten und zusammen mit einer mit Nelken gespickten ganzen Zwiebel sowie der Zitronenschale in einem Gemisch aus Fleischbrühe und Essig weiter gekocht. Dazu kommt noch nach Bedarf von dem Wasser dazu, in dem er gekocht wurde. Mit Salz und Pfeffer wird abgeschmeckt. Das Ganze schüttet man dann in Porzellanschüsseln und lässt es sulzen. Beim Anrichten gibt man Essig und Öl daran.

Ochsenzunge

Für 8 Personen:
1 Ochsenzunge (1500 g)
1 l Salzwasser
Suppengrün
1 Zwiebel
1 Lorbeerblatt
5 Pfefferkörner
Zitronensaft
60 g Butter

Ochsenzunge
Nimm eine frische Ochsenzung, laß sie in einer Fleischsuppe sieden, so lange, bis sie ganz mürb ist, schälle sie ab und schneid sie in der Mitte der Länge nach voneinander, salze sie, leg's auf den Rost, tropfe sie mit Limonisaft und Butter, und wan's schön feimt (= schaumt) und rößlet (= rosarot) wird, leg's auf eine Schüssl, bestreu es mit Limonischalln und gieb's zur Tafel. Man kann sie auch in die Rahmsoß geben, nemlich man laßt einen Butter heiß werden in einer Rein, gibt so viel Mehl darein, als man Soß braucht, laßt es nur anlaufen, giebt Fleischsuppe daran, daß es in der Dicke recht wird, dann mit Eßig gut gesäuert, Limonischalln und Rahm dazu, dann legt man die Zung, welche zuvor weich gesotten und geschällt wird, als ganzes darein, laßt es noch gut aufsieden, seiht die Soß über die Zung und giebt's zur Tafel.

Die Ochsenzunge wird sauber gewaschen und in kochendem Salzwasser mit Pfefferkörnern, Lorbeerblatt, Suppengrün und der in Viertel geschnittenen Zwiebel zugesetzt und weich gekocht. Je nach Größe dauert das 2½–3 Stunden. Dann wird sie mit kaltem Wasser übergossen, die Haut wird abgezogen und man schneidet sie der Länge nach in zwei Hälften. Diese legt man auf den Rost (Grill im Garten bzw. Rost im Rohr), beträufelt sie immer wieder mit Zitronensaft und flüssiger Butter, bis sie eine kräftige rosa Farbe bekommt. Dann schneidet man sie in Schnitten und streut fein geschnittene Zitronenschalen darüber.

Man kann die gekochte Ochsenzunge aber auch in einer Rahmsoße servieren. Dazu lässt man in einer Bratreine 40 g Butter heiß werden, gibt unter ständigem Rühren 2 EL Mehl dazu und schüttet darauf ½–1 l Fleischbrühe daran. ⅛ l Essig, 2 EL Rahm, etwas Zitronenschale sowie Salz und Pfeffer runden den Geschmack ab. Jetzt wird die gekochte und geschälte Zunge im Stück dazu gegeben. Das Ganze muss nun noch etwa 10 Minuten aufkochen. Die Soße seiht man durch. Die Zunge schneidet man in Streifen.

Russisches Eierschmalz

500 g vom Vortag übrig gebliebenes gekochtes oder gebratenes Fleisch verschiedener Art
3 EL Mehl
⅛ l Milch
3 Eier
Salz, Pfeffer
Petersilie
2 EL Sauerrahm
50 g Butter

In einer Pfanne wird das Fett erhitzt. Die Fleischreste werden klein geschnitten und dann zusammengemengt mit den Eiern, der Milch, dem Sauerrahm, dem Mehl und der Petersilie. Diese Masse gibt man in die Pfanne. Mit Salz und Pfeffer wird abgeschmeckt.

Damit sich das Eierschmalz nicht anlegt, muss ständig umgerührt werden.

Russisches Eierschmalz
Nimm übrig gebliebenes Fleisch verschiedener Art und wiege es zusammen, dann thue in einen Hafen einige Löffel voll Mehl mit etwas Milch, dann 2 bis 3 Eier hinein, salzen, Petersilie auch etwas sauern Rahm, vor diesem aber noch das gewiegte Fleisch. Wenn alles gut vermengt ist, laß in einer Pfanne Butter oder Fett heiß werden, ohngefähr soviel, als man zu einem Eier-Schmalz braucht und gieb dann die Maaße hinein, scherre es öfters auf, doch soll es eine schöne Farbe bekommen.

Schweinefleisch

Besonders geeignet für ein schnell zubereitetes Fleischgericht ist das vielseitig verwendbare Filet. Dagegen liefern Kamm, Rücken und Bug den saftigsten Braten. Zum Räuchern eignen sich besonders gut Hinter- und Vorderschinken, Rücken und Bauch.

Schweinebraten

Für 5 Personen rechnet man:
1 kg Schweinefleisch
Salz und Pfeffer
4 Knoblauchzehen
1 Zwiebel
Zwiebelschale
Schale von einem Apfel
1 kg gehackte Knochen
½ l kochendes Wasser
dunkles Bier

Schweinsschlegl mit einer schwarzen Brodkruste braten
Wasch den Schlegl rein, salz ihn ein, laß etwas Butter zerfließen, laß dann das Fleisch darin auf beyden Seiten grau werden. dann schütte halb Eßig, halb Waßer aber noch besser Fleischbrüh daran, zu dem Butter kömmt Petersilie Citronen- und Zwiebelschale, Gelbe Rüben. Wenn der Braten beynahe fertig ist, nimm das Fell vom Schlegl und zerhackt kömmt es unter einem Teller voll geriebenem schwarzen Brod, etwas Nelken, Zimmt und Citronen und Zucker /: Löffel voll:/ dieß lege fingerdick auf den Schlegl, schneide es kreuzweis, begieße den Braten immer mit feinem eigenen Fett das er resch wird, bestreu ihn mit länglichen Citronenschaln und gieb die Sauce dazu.

Zunächst wird das Fleisch mit Salz, Pfeffer und dem zerdrückten Knoblauch eingerieben. Dann werden die gesalzenen Knochen mit etwas Fett in einer Bratreine auf der Herdplatte angebraten und mit wenig kochendem Wasser aufgegossen. Das macht man, wenn viele Leute zum Essen erwartet werden, um später mehr Soße zu bekommen. Anschließend kommt das Fleisch mit der Schwarte nach unten zusammen mit den Zwiebeln, der Zwiebelschale und der Apfelschale in die Bratreine. Jetzt erst wird die Schwarte in Streifen oder Quadrate geschnitten. Dabei soll die Fettschicht möglichst nicht verletzt werden, sonst tritt zu viel Fett aus, und der Braten verliert an Saftigkeit. Dann zurück in die Röhre. Wenn die Oberseite gebräunt ist, wird der Braten immer wieder gewendet, sodass die anderen Seiten auch braun werden. Schließlich wird das Fleisch so gedreht, dass bis zum Ende der Garzeit die Schwarte oben ist. Während der Bratzeit muss immer wieder Wasser nachgegossen werden. Das Fleisch übergießt man mit der Bratensoße, die aus dem Braten der Knochen zu Beginn gewonnen wurde. Kurz vor dem Ende der Garzeit übergießt man die Schwarte mit dunklem Bier, damit sie knusperig wird.

Die Garzeit richtet sich nach dem Gewicht und der Dicke des Schweinefleisches. Man kann mit etwa 2–2½ Stunden bei 200–220 Grad C rechnen. Das Fleisch wird aus der Reine genommen, die Soße wird aufgerührt, mit ein wenig Wasser aufgekocht und durchgeseiht.

Sulz von Kalbsfüßen

2 Ochsenfüße
2 Kalbsfüße
1 Ochsenmaul
7 l Wasser
1½ l Wein
die abgeriebene Schale von 4 Zitronen
4 EL Zucker
von 2 Zitronen die fein geschnittene Schale
1 Prise Zimt
8 Nelken
ein wenig Muskat
ein wenig Safran
3 Eier

Das Ochsenmaul sowie die Ochsen- und Kalbsfüße werden mit 7 l Wasser angesetzt und so lange gekocht, bis nur noch 1½ l Flüssigkeit übrig sind. Diese seiht man durch ein feines Sieb und schöpft das Fett ab, das sich oben abgesetzt hat. Nun kommen 1½ l Wein, der Abrieb der Schale von 4 Zitronen, der Zucker, die fein geschnittene Schale von 2 Zitronen, der Saft der 6 Zitronen, Zimt, Nelken, Safran und Muskat dazu. Das Ganze lässt man aufkochen und seiht es dann durch ein feines Sieb. Zum Sulzen verteilt man die Flüssigkeit in Schüsseln.

Sulz
Hacke 4 Kälberfüß klein zusammen, siede sie recht aus, gieße den Stand herunter, färbe ihn mit Schüsupp oder Braten-Sauce, thue Eßig, weißen Wein, Zwiebel, Lorbeerblätter daran, dann gieb 2 ganze Eyer samt der Schale in ein Kastroll, gieß den Stand kalt hinein, rühre es gut ab und laß es langsam aufkochen, bis es rein ist. Dann seihe alles durch, stelle es in einen kalten Ort, damit es sulzt.

Voressen

1 kg Kuttel
2 l Salzwasser
1 Zwiebel
140 g Fett
170 g Mehl
Salz
Pfeffer
Lorbeerblätter
Petersilie
Wacholderbeeren
¼ l Essig
1 Zitronenscheibe

Voreßen
Siede die Fleck und Füße, wenn es weich ist, schneide es, gieb es in ein Häfen, Salz es, gieb Essig daran, u. laß es stehen, dan wenn du es brauchst siede es recht gut auf brenne es mit brauner Einbrenn u. Zwiebel ein, laß es in der Einbrenn gut aufsieden,richte es an u. Pfefere es.

Es empfiehlt sich, die Kutteln 1–2 Tage in einer Marinade zu beizen. Marinade: Man gibt zu 2 l Salzwasser, ¼ l Essig, 1 geschnittene Zwiebel, 2 Lorbeerblätter, 1 TL Wacholderbeeren, 5 Pfefferkörner, Petersilie und eine Zitronenscheibe. Die Kutteln werden in der heißen Marinade etwa 1 Stunde weich gekocht. Dann nimmt man sie heraus und schneidet sie nach dem Erkalten in schmale Streifen. Nun wird aus Fett und Mehl eine hellbraune Einbrenne zubereitet, die mit dem durchgeseihten Sud langsam aufgegossen wird. Dann werden die geschnittenen Kutteln dazu gegeben. Das alles lässt man 15 Minuten ziehen. Mit Rahm, Zucker und Zitronensaft abschmecken.

Wild

Essigbeize

Die Beize macht das Fleisch des Wildes mürbe und über längere Zeit haltbar. Sie nimmt ihm auch den typischen Wildgeschmack.

Zu gleichen Teilen Essig und Wasser, 1 Zwiebel, 1 Zitronenscheibe, 1 zerdrückte Knoblauchzehe, Wacholderbeeren, Thymian, Wasser und Essig mit allen Zutaten mischen und etwa 15 Minuten kochen lassen. Auskühlen lassen und dann über das Fleisch gießen, sodass es immer vollständig bedeckt ist. Täglich das Fleisch wenden und darauf achten, dass es vollständig mit Beize bedeckt ist. Die Essigbeize kann man verdünnt zum Aufgießen beim Braten verwenden.

Hase gebraten

2 Hasenschlegel und ein Hasenrücken
(1,5 kg) von einem gebeizten Hasen
Salz
Pfeffer
Wacholderbeeren
100 g Speck für die Pfanne und zum Spicken
Zitronenschale

Zum Braten:
80 g Butter
1 gelbe Rübe
1 Petersilienwurzel
1 Selleriewurzel
Brotrinde
1 Zitronenscheibe
¼ l Beize
⅛ l Sauerrahm

Bratzeit:
30–40 Minuten für den Rücken
50–60 Minuten für die Schlegel
bei 210–230 Grad C

Die Fleischteile des gebeizten Hasen werden mit Speckstreifen gespickt. Zu jedem Speckstreifen gibt man ein Stückchen Zitronenschale dazu.

In die gefettete Bratreine kommen auf die Speckscheiben die Fleischteile, die mit heißer Butter übergossen werden. Nun kommen das geschnittene Wurzelwerk, die Brotrinde und die Zitronenscheibe dazu. Im vorgeheizten Bratrohr wird auf mittlerer Ebene der Hase 15 Minuten angebraten. Nach dem Anbraten mit wenig heißer, verdünnter Beize aufgießen. Während der Bratzeit mehrmals mit Soße übergießen.

20 Minuten vor dem Ende der Garzeit das Fleisch noch mit Sauerrahm bestreichen und braun werden lassen. Soße mit ein wenig verdünnter Beize aufkochen, mit Sauerrahm, Salz und Pfeffer abschmecken und durchpassieren.

Gebratener Hase
Nim den eingepeitzten Haasen, spicke ihn mit Spek u. immer zu den Spek ein Schnitzl Lemonischöln hinein steken, thu ihn in die Rein, schneide Gelbe Rüben, Petersilwurzl, Zeleriwurzl, hin u. wieder in die Rein, auch einige Brodrindl, thue Essig u. Wasser daran, auch ganzer Pfeffer, brate ihn gut, gieb auf der Höhe, öfters Ram darauf, u. brate ihn wieder, dann mache die Soß, thu Butter in einen Tegl, mache von den Butter eine Braungelbe Einbrenn, thue Fleischsuppe daran laß es aufsieden, dann schütte es zu den Hasen in die Rein, wenn du ihn anrichtest, zerschneide ihn, seige die Soß darüber.

Hirsch- oder Rehleber gekocht

4 dicke Scheiben Leber (je 130 g)
40 g Butter
1 Zwiebel
klein geschnittene Zitronenschale
Salz und Pfeffer
⅛ l Essig
etwas Blut (ersatzweise 2 EL Rotwein)

Eine Reh- oder Hirschleber zu kochen
Schneide die Leber Schnitzweis, gieb Butter in ein Reindl, kleingewiegten Zwiebel und Zitronenschalen dazu, gieb Salz, Pfeffer, Eßig und etwas Blut darein, laß sie aber nicht lange kochen, damit sie nicht hart wird. So richte auch die Kalbsleber.

In einem Topf wird Butter heiß gemacht. Darein gibt man die klein geschnittene Zwiebel und die Zitronenschale. Kurz anlaufen lassen und dann die in Scheiben geschnittene Leber dazu. Kurz anbraten lassen. Dann gibt man den Essig sowie das Blut (oder den Rotwein) dazu, schmeckt mit Pfeffer und Salz ab und lässt das alles kochen. Aber nicht zu lange, damit die Leber nicht hart wird (je nach Dicke der Scheiben etwa 10–20 Minuten).

Wildschwein

1 Wildschweinschlegel (etwa 1,5 kg)
Salz und Pfeffer
1 Knoblauchzehe
50 g Butter
3 EL Mehl
⅛ l Rotwein
Beize

Die Schwarte abziehen, das Fleisch waschen und mit Salz, Pfeffer, zerdrückten Wacholderbeeren und Knoblauch einreiben. Das Fleisch wird in der Beize weich gekocht, der man davor den Rotwein beigegeben hat. Als Soße macht man aus Butter und Mehl eine braune Einbrenne und verrührt sie gut mit der Beize, in der das Fleisch gekocht wurde. Diese lässt man noch gut aufkochen.

Wildschwein
Laß den Kopf von einem Wildschwein ziemlich lang abnehmen, koch ihn, wie gewöhnlich in Stand, nur nicht zu weich, dann schneide ihn unten auf, löse die Knochen heraus, dann mache einen Faisch von rohen Kalbfleisch, fülle den Kopf mit an binde ihn fest in ein Tuch und koch ihn 2 Stunden langsam in dem nämlichen Stand aus, laß ihn in einem kühlen Ort stehen. Wenn du ihn brauchst, nimm ihn aus dem Stand heraus, trockne ihn mit einem Tuch ab und garnire ihn mit Aspik.

Geflügel

Altes Huhn auf Fasanenart gebraten

2 alte Hühner (1 kg)
Salz und Pfeffer
Wacholderbeeren
150 g Speckstreifen
80 g Butter
5 EL Sauerrahm
3 EL Sahne

Beize:
Zu gleichen Teilen Essig und Wasser
¼ l Wein
Zimt
3 Nelken
2 klein geschnittene Zwiebeln
die Schale einer Zitrone
1 Selleriewurzel
1 Petersilienwurzel

Die Hühner werden geputzt, gewaschen und innen wie außen mit Salz, Pfeffer und fein zerdrückten Wacholderbeeren eingerieben. Dann werden sie mit Speckstreifen gespickt. Jetzt werden die Hühner mehrmals mit heißer Beize übergossen und schließlich in der Beize 30–50 Minuten gekocht. Dann die Hühner herausnehmen und in eine Bratreine auf Speckstreifen mit der Brustseite nach unten legen. Mit heißer Butter übergießen. In der vorgeheizten Bratröhre 40–50 Minuten bei 220–240 Grad C braten. Während der Bratzeit nach und nach die heiße Beize dazu gießen. Die Hühner nach der Hälfte der Garzeit wenden. Etwa 20 Minuten vor dem Ende der Garzeit wird der Speck abgenommen und werden die Brüste mit Sauerrahm eingestrichen, damit sie schön braun werden. Die Soße wird mit Sahne abgeschmeckt.

Alte Hühner auf Fasanen-Art
Nimm schön geputzte alte Hennen, salze sie ein, wäßer sie dann gut, salze sie wieder ein, menge Kranawit beer gestoßen dazu laß die Hennen einen Tag dran liegen, dann mach eine Beitze von Eßig und Wein, Zimmt, Nelken, Zwiebel, Citronenschaln, Zelerie, Petersilie, laß sie gut sieden und wenn die Hennen gutgespickt sind, so gieß die Beitze darüber, dieß muß 4–5 mal geschehen, nachdem man jederzeit den Eßig neu sieden läßt; wenn du sie kochst, so laß nur wenig Eßig, damit sich nichts anlegt, beleg sie mit Spek, damit sie saftig bleiben, bestreich sie gut mit Rahm; wenn sie genug gekocht sind, so laß ein wenig Mehl in Butter anlaufen, verdünne es mit guter Rindsuppe, und mit der Sauce der Hennen, die sich selbst bratet. Man beträufelt die Hennen auch mit Citronensaft. Eine Henne dieser Art kann man auch auf's Kraut geben und es noch ringsherum mit Bratwürst oder Kälberfüß zieren – man richtet auf solche Art Kapaunen und Hünchen.

Schnepfendreck

Das Eingeweide der Schnepfen
100 g Speck
1 Ei
1 Zwiebel
Petersiliengrün
Salz
Zucker
Zitronenschale
40 g Butter
Weißbrotscheiben
50 g Semmelbrösel

Der gesamte Inhalt der Bauchhöhle, das heißt Gedärme, Leber, Herz, jedoch ohne Galle und Magen, wird zusammen mit Speck klein gehackt. Diese Masse vermengt man nun mit der klein geschnittenen Zwiebel, Petersilie und Salz, fein geschnittener Zitronenschale, dem verquirlten Ei und ein wenig Semmelbrösel. Diese Masse wird gut vermischt und darauf, mit Butter vermengt, auf Weißbrotscheiben gestrichen und entweder im heißen Schmalz, oder 5 Minuten lang im Rohr bei 210 Grad C gebacken.

Schnepfen-Dreck
Die Därme und alles was im Schnepfen ist, außer der Galle und dem Magen werden klein gewiegt, 1 Ey daran geschlagen, ein wenig Semmelmehl, Zucker, Citronenbitzln, alsdann auf das Brod gestrichen und im Schmalz gebacken. Wann der Schnepf fertig ist, kömmt vor dem Anrichten der Schnepfe in die Sauce – will man mehr Schnepfendreck haben, so nimmt man etwas Kalbsleber dazu.

Fisch gebraten (Forelle, Zander)

1 kg Fisch	Salz
100 g Butter	Pfeffer
Zitronenscheiben	Petersilie

Gebratener Fisch
Butze den Fisch, Salz ihn gut ein, pfefere in, gieb ein papier in eine Rein, thue Butter hinein, denFisch darein, schmirb ein papier mit Butter und leg es darauf. Kehr den Fisch um, das er auf einer jeden Seite eine Farbe bekomt.

Der Fisch wird geputzt, ausgenommen, gewaschen, gesalzen und mit Pfeffer eingerieben. Dann lege Papier in eine Bratreine und gib Butter darauf. Der Fisch wird nun darauf gelegt und mit einem mit Butter bestrichenen Papier abgedeckt. Der Fisch wird mehrmals gewendet, bis er goldgelb geworden ist. Auf dem Serviertablett wird der Fisch mit Butter übergossen und mit Petersilie garniert.

Hecht gebraten mit Füllung

1 kg Hecht
Zitronensaft
Salz
Pfeffer
80 g Butter
eine in Scheiben geschnittene kleine Zwiebel

⅛ l Sauerrahm
⅛ l Essig
1 Semmel
2 Eier
Petersilie
Schnittlauch
etwas geriebene Muskatnuss

Der Hecht wird geputzt, ausgenommen, gewaschen, gesalzen und gepfeffert. In einer Pfanne wird Butter erhitzt und mit 2 Eiern schaumig gerührt. Dazu gibt man eine in Milch eingeweichte und ausgedrückte Semmel, eine Messerspitze Salz und Pfeffer, Petersilie, Schnittlauch und etwas Muskatnuss. Dies alles verrührt man miteinander, streicht diese Fülle in den Fischbauch und näht diesen zu. Nun gibt man in eine Bratreine Butter, Essig, den Sauerrahm, etwas Zitronenschale und die Zwiebelringe. Darauf wird der Hecht gelegt und im Rohr langsam etwa 45 Minuten lang gebraten. Der Fisch muss während des Bratens immer wieder mit Soße, Zitronensaft und Sauerrahm bestrichen werden. Zum Anrichten wird die Soße durch ein Sieb passiert.

Gebratne Hechten
Man nimmt den Hechten aus, salzt pfeffert ihn, treib etwas Butter mit ein paar ganzen und Eyern pflaumig nimm eine in Milch geweichte, ausgedrückte Semmel dazu, Salz Pfeffer, Petersilie Schnittlauch, Muskatnuß, diese Füll in den Fischbauch hineingestrichen und dann zugenäht; in die Bratreine giebt man Eßig, ein Stückchen Butter, sauern Rahm, einige Zwiebelrädchen wie auch einige Citronenschaln, und so lege den gefüllten Hechten auf diese Sachen und laß ihn im Rohr langsam braten, und während dessen etwas mit der untern Sauce immer betropfen auch etwas wenig sauern Rahm, und öfters Citronensaft darunter, wenn man ihn anrichtet, wird die Sauce über den Fisch passirt.

Stockfisch aufgebrannt

1 Stockfisch (gewässert, 1 kg)
110 g Butter
Kümmel
Salz
Pfeffer
5 Semmeln
¼ l Rahm
100 g geröstete Semmelbrösel

Gebackener Stockfisch
Brühe ihn in siedendem Salz- und Keinwaßer an, zerschneide ihn in Stücke, kehre in Eyern um, brütle ihn vorher und backe ihn im Schmalz.

Der Stockfisch muss zunächst ausreichend gewässert und in Salzwasser, zu dem man Kümmel gibt, gekocht werden. Dann nimmt man ihn heraus und schneidet ihn in Scheiben. Nun wird eine Reine mit flüssig warmer Butter kräftig ausgepinselt. Da hinein werden in Butter geröstete Semmelwürfel gegeben. Darauf wird eine Lage Fischscheiben gelegt. Diese bestreicht man mit Rahm und streut eine dünne Schicht geröstete Semmelbrösel darüber. Dann folgt wieder eine Schicht Fisch und so fort, bis alles aufgebraucht ist. Die letzte, oberste Schicht sollte immer Fisch sein. Die Reine kommt nun ins Bratrohr. Je nach Menge lässt man das Ganze etwa 25–40 Minuten bei 200–220 Grad C backen.

Knödel

Bröselknödel

3 EL Rahm
40–50 g Semmelbrösel
2 Eier
1 Prise Salz
Muskat
Petersilie
1 l Fleischbrühe oder heißes Schmalz

Bresl Knödl
Treibe Ram ab, schlag zwei Eyer eins nach den andern gut verrührt, Salz, einwenig Muschgatnuß, mach es mit Semlbresl an, bake sie im Schmalz.

Den Rahm erhitzen und schaumig rühren. Nach und nach die Eier und die Semmelbrösel dazu rühren und die fein geschnittene Petersilie darunter mengen. Mit Salz und wenig Muskat würzen. Diese Masse soll nun 30 Minuten quellen, ehe man sie zu kleinen Knödeln formt und im heißen Schmalz heraus bäckt bzw. in die kochende Fleischbrühe einlegt (Probeknödel kochen) und zugedeckt 10 Minuten leise garen lässt.

Erdäpfelknödel

1 kg frisch gekochte Kartoffeln
3 EL Mehl
60 g Schmalz
Salz
2 Eier
5 Semmeln

Wenn die Kartoffeln gekocht sind, werden sie geschält, gerieben, mit Mehl überstaubt und zum Abkühlen ausgebreitet. Die Semmeln werden in kleine Würfel geschnitten und mit heißem Schmalz und den verquirlten Eiern übergossen. Beide Massen mengt man nun unter Zugabe von Salz zusammen und lässt sie etwa 20–30 Minuten anziehen. Dann formt man Knödel, legt sie in kochendes Wasser und lässt sie 15–20 Minuten leise kochen. Probeknödel kochen.

Erdäpfel-Knödl
Man schneidet um ein Kreuzer Semml recht klein auf und brennt heißes Schmalz daran, wie zu andern Knödl, dann gesalzen, dann siedet man schöne Erdäpfel, und wenn sie ausgekühlt sind, so werden sie gerieben, und mischt ein paar Esslöffel voll Mehl darunter, zu einer Pfennig-Semmel nimmt man einen Erdapfel, dann werden zwei große Eyer abgesprigelt und über die Bröckl geschittet, mischt es gut ab, dann giebt man die Erdäpfel mit Mehl darunter. Wenn sie so angemacht sind, laßt man es eine Zeit stehen. Der Teig wird recht fest, und schlagt's nicht zu groß in siedendes Wasser ein.

Fleischknödel

150 g Hackfleisch oder fein geschnittenes, gekochtes oder gebratenes Fleisch vom Vortag
1 Ei
1 klein gehackte Zwiebel und Knoblauchzehe
klein geschnittene Petersilie
Salz und Pfeffer
Muskat
2 EL Sauerrahm
20 g Butter
2 EL Milch
4 EL Semmelbrösel

Das Fleisch mit Zwiebel, Knoblauch, Petersilie, wenig Muskatabrieb und Sauerrahm vermengen. Eine lichte Einbrenne aus Butter und Semmelbrösel herstellen. Jetzt werden Ei und Milch miteinander verquirlt und über die Semmelbrösel geschüttet. Mit Salz und Pfeffer würzen und die Masse mit dem Fleisch dazu geben. Diesen Teig 10 Minuten anziehen lassen. Kleine Knödel formen und in kochendes Salzwasser einlegen. Zuvor einen Probeknödel kochen.

Fleischknödl
Nim aufgewigtes Fleisch in ein Schisl schlage Euer daran ein wenig sauern Ram, eine Milch Pfefferstaub, Salz, rühr es gut ab, brenne Schmalz in die Semmlbrökl, mach es mit den Brökl an.

Geselchte Fleischknödel

150 g fettes und mageres geselchtes Fleisch
3 Semmeln
1 Ei
Petersilie
Salz und Pfeffer
⅛–¼ l warme Milch

Geselcht Fleischknödl
Brökle Seml auf, Wiege fettes u. Mageres Fleisch, schlag Eyer in die Brökl, nim warme Milch zum anmachen, Salz.

Das klein gehackte Fleisch, die in kleine Würfel geschnittenen Semmeln, das Ei und die Petersilie werden mit der warmen Milch zu einer Masse verbunden. Mit Salz und Pfeffer wird abgeschmeckt. Aus der Masse werden Knödel geformt, die in kochendes Wasser gelegt werden und dort 15–20 Minuten ziehen müssen.

Grießknödel

500 g Grieß
3 Semmeln
Salz
1 Ei
2 EL ausgelassenen Speck
¼ l Fleischbrühe
(Mehl)

Griesknödl
Nim 1 Maßl Gries, um 2 Xr gewürfelte Seml ½ Virting ausgelassenen Spek oder Schmalz rühre alles gut untereinander schütte einen Schöpflöflvol siedende Fleischsuppe daran und rühre es gut ab, dan laße die Knödl eine halbe Stund sieden.

Der Grieß wird mit kochendem Wasser überbrüht. Dann gibt man die in kleine Würfel geschnittenen Semmeln, das Ei, den ausgelassenen Speck und die kochende Fleischbrühe dazu. Den Teig anziehen lassen und dann Knödel formen, die man noch in Mehl wälzen kann, ehe man sie ins kochende Salzwasser legt. 30 Minuten ziehen lassen.

Herzknödel

150 g gekochtes Rinder- oder Kalbsherz
5 EL Grieß
2 EL Rahm
1 EL Schmalz
Salz und Pfeffer
⅛–¼ l warme Milch

Herz Knödl
Hake ein Herz klein gieb ein wenig Ram dazu, Pfeffer und Salz brenn ein Schmalz in ein Gries mach alles unter einander, eine Milch u. siedendes Wasser zum anmachen.

Das gekochte und klein gehackte Herz wird mit Rahm, Pfeffer und Salz vermengt. Der Grieß wird unter ständigem Rühren in das heiße Schmalz gegeben und dann über die Herzmasse geschüttet. Dieser Knödelteig wird nun mit warmer Milch angemacht und gut durchgemischt. Er muss noch 20–30 Minuten quellen, bevor man ihn zu Knödel formt und diese in kochendes Wasser gibt.

Kartoffel-Grießknödel

1 kg gekochte Kartoffeln
170 g Grieß
40 g Schmalz
Salz
2 Eier

Erdäpfl Kries Knödl
Reibe gesotene Erdäpfl brenn Schmalz in den Gries; Salz in, schlag Eyer in die Erdäpfl gieb den Gries darein mach es durcheinander, schlags in siedendes Waßer ein.

Die heißen Kartoffeln werden geschält, mit dem Reibeisen gerieben, und dann lässt man sie auskühlen. In einer Pfanne wird das Schmalz erhitzt, und unter ständigem Rühren wird der Grieß dazu gegeben. Der eingebrannte Grieß wird nun über die Kartoffel gebröselt und alles zusammen dann mit Salz und den Eiern durchgemischt. Nun werden Knödel geformt und in das kochende Salzwasser gelegt. Probeknödel kochen. 15–20 Minuten ziehen lassen.

Kartoffelknödel und Rahmknödel

1 kg frisch gekochte Kartoffeln
150 g Mehl
2 Eier
30 g Butter
2 EL süße Sahne
Salz

Rahm Knöderl
Treibe ein Stück Butter pflaumig ab, rühre Eierdötter daran, gesiebte Semmelbrösel und ein paar Löffel voll sauern Rahm, die Hälfte Klar zu Schnee, Salz und Muskatnuß daran – Nun formiere kleine Knöderl, backe sie in heißem Schmalz und laß sie in siedender Erbsensuppe aufkochen.

Die noch heißen Kartoffeln werden geschält und durchgepresst. Darauf breitet man sie zum Auskühlen aus, streut das Mehl darüber, bröselt das Ganze leicht ab und gibt die Eier, Butter, Sahne und Salz dazu. Alles gut vermengen und zu einem Teig verkneten. Zum Formen der Knödel gibt man Mehl an die Hände. Probeknödel kochen. Die Knödel legt man in reichlich kochendes Wasser und lässt sie 15–20 Minuten ziehen.

Kartoffel-Knöderl
Reibe gesottene Kartoffel auf dem Reibeisen fein, rühre ein wenig Butter, Eier, süßen Rahm und ein bischen Mehl ab, gieb die geriebenen Kartoffel hinein und mache kleine Knöderl – backe sie in Schmalz schön gelb, dann laß sie in der Supp aufsieden, dass sie weich werden.

Leberknödel mit Speck

150 g durchgedrehte Kalbs- oder Rindsleber
120 g fein gehackten (geräucherten) Speck
130 g Semmelbrösel
1–2 Eier
knapp ¼ l Milch
30 g Butter oder Rindermark
1 fein geschnittene Zwiebel
Petersilie
Salz und Pfeffer
Majoran
etwas geriebene Zitronenschale

Fein geschnittene Zwiebel und Petersilie in heißer Butter oder ausgelassenem Rindermark andünsten und die Semmelbrösel dazu geben. Diese Masse kommt dann zu den übrigen Zutaten. Alles gut vermengen und mit den Gewürzen abschmecken. Der Teig soll fest werden. Bei Bedarf Semmelbrösel dazu mischen. Die Knödel werden mit nassen Händen geformt und in kochende Fleischbrühe gelegt. Probeknödel kochen.

Leberknöderl mit Speck
Wiege eine Kalbsleber und Speck fein zusammen, pfarze Semmelbrösel in Butter, nimm dann 1 Theil Leber, 1 Theil Speck und 1 Theil Brösel, treibe alles recht gut ab und gieb gewiegten Zwiebel, Limonieschalen, Petersil, Majoran, Salz und Pfeffer daran, Eier soviel, daß der Teig recht fest wird, denn es kommt kein Mehl daran. Schlage sie dann in siedende Supp.

Markknödel

40 g Rindermark
1 Ei
60 g Semmelbrösel
Salz und Pfeffer
Muskat
½ fein geschnittene Zwiebel und Petersilie
1 l Fleischbrühe

Mark-Knöderl
Treibe ein Mark ab rühre Euer daran nim ein wenig sauern Ram auf ein Ei alzeit einen Eßlöfl vol Milch mach es mit Mehl an.

Das klein geschnittene Mark lässt man bei schwacher Hitze zergehen und seiht es dann ab. Zu dem abgekühlten und schaumig gerührten Mark gibt man nun das Ei, die Semmelbrösel, Zwiebel und Petersilie und würzt mit Salz, Pfeffer und ein wenig Muskat. Der Teig wird gut vermengt und muss dann 30 Minuten quellen, bevor man kleine Knödel formt und diese in der kochenden Fleischbrühe kochen lässt. Probeknödel kochen.

Speckknödel

9 alte Semmeln oder entsprechend Knödelbrot
150 g fein geschnittenen mageren Räucherspeck
½ l lauwarme Milch
20 g Butter
1 kleine Zwiebel
Petersilie
Salz
5 Eier
2 EL Mehl

Speck-Knöderln
Bröckle die Semmel recht fein auf, weiche sie mit Milch an, schneide einen Speck mit Petersilkräutl klein zusammen, laß ihn heiß werden und gieb ihn dann in die Bröckl. Dann gieb auch Eier und Mehl daran salze sie ein wenig, mache sie gut und schlage sie in siedende Supp.

Die Semmeln werden in dünne Scheiben geschnitten, in einer Schüssel mit lauwarmer Milch übergossen und 30 Minuten zugedeckt stehen gelassen. Die fein geschnittene Zwiebel und Petersilie dünstet man zusammen mit dem Speck und der Butter an und gibt sie dann über die Semmeln. Mehl und Eier dazu geben und zu einem Teig vermengen. Diese Masse lässt man nun nochmals 15–20 Minuten anziehen, ehe man sie mit nassen Händen zu Knödeln formt. Ist der Teig zu weich, gibt man noch Semmelbrösel dazu. Probeknödel kochen. Die Knödel legt man in kochendes Salzwasser und lässt sie 20 Minuten köcheln.

Die Speckknödel können als Einlage zu einer Rindsuppe serviert werden oder als Beilage zu Braten.

Mehlknödel

10 gekochte Kartoffeln vom Vortag
480 g Mehl
Salz
2 Esslöffel Griebenfett

Die Kartoffeln vom Vortag werden gerieben, auf der Arbeitsplatte ausgebreitet und gesalzen (abschmecken!). Dann verteilt man das Mehl möglichst gleichmäßig darüber. Diese Masse wird nun zwischen den Händen verrieben und abgebröselt. Jetzt wird das ausgelassene Griebenfett über den Teig gegeben, der nun nochmals durchgemengt wird, bis ein geschmeidiger Teig entsteht. Daraus werden nun Knödel geformt, die in Mehl gewälzt werden, ehe sie ins kochende Salzwasser eingelegt werden. Probeknödel machen! Man lässt die Mehlknödel etwa eine halbe Stunde köcheln.

Gemüse, Salat, Kartoffelgerichte

Erdäpfelkren

1 kg Kartoffeln
150 g–250 g frisch geriebene Meerrettichwurzel
80 g Butter
3 EL Sauerrahm
Salz
¼–½ l Fleischbrühe

Die Kartoffeln werden gekocht, geschält, durchgepresst und mit Rindsuppe aufgegossen. Dann gibt man ein Stück Butter und Sauerrahm dazu, schmeckt mit Salz ab und lässt alles zusammen 5–10 Minuten aufkochen. Zuletzt wird der frisch geriebene Meerrettich dazu gegeben.

Erdäpfel – Krenn
Schälle Erdäpfel und koche sie weich, zerdrück sie dann fein und gieß sie mit Rindsuppe auf, gib ein Stück Butter, etwas sauern Rahm und Salz dazu und laß es aufkochen. Dann gieb etwas geriebenen Krenn dazu und richte es an.

Erdäpfel in Rahm gebraten

1 kg Kartoffeln
100 g Semmelbrösel
Salz
3/8 l Sauerrahm

Ram gebratene Erdäpfl
Siede Erdäpfl, schölle sie ab, blatle sie auf ein Teller immer eine leg, über salze, u. überbresle es, u. Ram darüber, dann wieder eine Leg Erdäpfl, u. so fort, dann stelle es auf ein Blatl in das Rohr u. brate sie bräunlicht.

Die gekochten und geschälten Kartoffeln werden in Scheiben geschnitten. Mit diesen Scheiben legt man zunächst in einer Reine den Boden aus, streut Semmelbrösel darüber und schüttet etwas Rahm darauf. Dann kommt wieder eine Lage Kartoffeln. Darauf wieder Semmelbrösel und Rahm. So macht man fort. Wenn alles verbraucht ist, schiebt man die Reine ins Rohr und bäckt das Ganze so lange, bis die Oberfläche bräunlich wird, etwa 30 Minuten lang bei 200–220 Grad C.

Gemischte Grünspeis

1 kg Gemüse
(Gelbe Rüben, Kohlrabi, Erbsen)
40 g Butter
1/4–1/2 l Fleischbrühe
Salz
Pfeffer
2 Eier
2 EL Mehl
2 EL Rahm
etwas Zucker
1 kleine Zwiebel
Petersilie

Gemüse je nach Art putzen, waschen, zerkleinern und in einer Reine zusammen mit einem klein geschnittenen Zwiebel in heißem Fett andünsten. In einer zweiten Reine werden Erbsen und geschnittenes Petersilienkraut auf gleiche Art weich gedünstet. Dann wird zu beiden Mehl gestaubt. Weiter dünsten lassen. Je nach Gemüseart beträgt die Garzeit 10–30 Minuten. Mit wenig Fleischbrühe aufgießen und salzen. Jetzt wird der Inhalt der beiden Reinen zusammengeführt. Noch etwa 10–20 Minuten abgedeckt weiter dünsten lassen.

Gemischte Grünspeis
Man schneide Gelbe Rüben gewürfelt, auch Kohlrabi, gibt's in eine Rein und dünstet es weich. Gib auch ausgelöste Erbsen mit Petersilkraut in eine andere Rein und dünste es weich, staube Mehl daran und laß noch dünsten, gieb Fleischbrüh daran, daß aber die Soß nicht zu dünn wird, dann gieb die gedünsteten Kohlrabi und Rüben dazu und laß es noch miteinander aufsieden. Wenn du es anrichtest, frikaßir die Soß mit Eierdötter und Rahm, auch Zucker.

Gesäuerte Erdäpfel (Kartoffelgemüse)

600 g gekochte Kartoffel
80 g Fett
2½ EL Mehl
¼ l Fleischsuppe
1 Lorbeerblatt
Thymian
Safran
Essig
Salz und Pfeffer
1 Zwiebel

In eine helle oder dunkle Einbrenne aus Fett und Mehl wird eine klein geschnittene Zwiebel gegeben und geröstet. Dies alles wird mit Fleischsuppe aufgegossen. Darauf werden die gekochten, geschälten und in Blätter geschnittenen Kartoffeln dazu gegeben. Die aufgeführten Gewürze kommen dann daran. Nach einem kurzen Aufkochen rührt man den Essig darunter. Je nach Geschmack kann gewürzt und mit Suppe aufgegossen werden.

Gesäuerte Erdäpfl
Siede Erdäpfl, schölle sie ab, blatle sie auf, mache eine gelbe Butter Einbrenn, schölle Zwiebel ab, schneide ihn klein thu ihn darein, schütte Fleischsuppe darein laß es auf sieden thue die Erdäpfl darein, Salz, Pfeffer, ein wenig Essig, auch ein wenig Safran, richte sie an.

Kalter Kren (Meerrettich)

1 Krenwurzel
50 g Semmelbrösel
3 EL Essig
1 EL Öl
Salz
Zucker
wenig Wasser

Die Krenwurzel wird gerieben und mit den Semmelbröseln vermengt. Dann kommen ein wenig Wasser, Essig, Öl und eine Prise Zucker dazu. Das alles wird kräftig miteinander vermischt.

Kalter Kren
Reibe Kren u. einwenig Semlbresl, nimm Essig u. Salz, gieb auch ein wenig Salatöl daran. auch ein wenig Wasser u. Zucker.

Warmer Kren (Meerrettich)

1 Krenwurzel
40 g Butter
80 g Semmelbrösel
2 EL Sauerrahm
¼ l Fleischsuppe
Salz
Zucker
Safran

Warmer Kren
Thu Butter in einen Tegl laß ihn zergehen thu Semlbresl darein laß es ein wenig anlaufen, thu Ram darein denn Kren darein, schütte Fleischsuppe daran, Salz einwenig, auch laß ihn aufsieden, auch einwenig Safran, auch Zucker.

In einem Topf lässt man Butter heiß werden und rührt dann die Semmelbrösel dazu, die man kurz anrösten lässt. Dann kommt der geriebene Kren dazu, den man ein paar Minuten dünsten lässt. Darauf wird die Fleischsuppe dazu gegeben. Eine Prise Salz daran geben und aufkochen lassen. Mit wenig Safran und Zucker wird abgeschmeckt.

Kohlrabi gefüllt

5 Kohlrabi
200 g durchgedrehtes, gebratenes Kalbfleisch
1 Zwiebel
Salz, Pfeffer
50 g Butter
4 Semmeln
¼ l Milch
50 g Mehl
1 EL Rahm
1 Ei
Petersilie
Salzwasser

Schäle die Kohlrabi, schneide den Deckel ab, dünste die Köpfe in Salzwasser halb weich und höhle sie mit einem Teelöffel aus. In einem Topf wird Butter erhitzt. Dazu gibt man das Fleisch, die in Milch geweichten und ausgedrückten Semmeln, die Petersilie und das Ei. Salz und Pfeffer daran. Mit dieser Masse werden die Kohlrabi gefüllt, und der Deckel wird wieder aufgesetzt. Dann lässt man Mehl in heißer Butter anlaufen, gießt mit dem Saft auf, in dem die Kohlrabi dünsteten und lässt die Köpfe darin weich dünsten. Jetzt wird das Mehl mit dem Rahm verrührt und damit die Soße gebunden.

Gefüllte Kohlraben
Schäle die Kohlraben ab, hohle sie aus, schneide den Deckel weg und mach dann folgende Fülle: treibe etwas Butter ab, schlage Eier daran, klein gewiegten Kalbsbraten und milchgeweichte Semmel hinein, salze, pfeffere es und rühre alles gut ab. Dann fülle den Kohlraben damit, lege den Deckel wieder darauf, stelle ihn in ein Reindl, gieb ein wenig Supp daran und laß ihn weich dünsten. Dann laß Mehl in heißem Butter anlaufen, gieß Supp, worin der Kohlrabe dünstet dazu und laß ihn aufkochen. Beym Anrichten gieb den Kohlrabe in die dazu bestimmte Schüßel und gieb die Sauce darüber.

Süßes Kraut

1 Krautkopf (etwa 750 g)
Salzwasser zum Dünsten
50 g Butter
1 EL Mehl
Kümmel
Salz und Pfeffer

Süßes Kraut
Schneide das Kraut, thue Butter in ein Tegl, daß Kraut darein, laß es dünsten, gieb einwenig Kimm daran, u. Wasser, u. brenne es ein, laß es gut aufsieden, richte es an u. pfeffere es.

Das Weißkraut wird fein geschnitten oder gehobelt. In einem Topf wird Butter heiß gemacht. Dann kommt das Kraut hinein, zusammen mit etwas Kümmel und Salz. Dieses lässt man zunächst 5 Minuten dünsten und gibt dann leicht gesalzenes Wasser dazu. Mit Mehl ein wenig stauben. Dünste es dann noch ein paar Minuten. Gib beim Anrichten eine Prise Pfeffer darüber.

Linsen mit Rebhühnern

380 g Linsen
1 l Wasser
1 Zwiebel
100 g geräucherten Speck
20 g Fett
3 EL Essig oder Bratensoße
Salz und Pfeffer

Rebhühner mit Linsen
Siede die Linsen in der Supp, wiege Zwiebel und geräucherten Speck klein zusammen laß es heiß werden, staube Mehl daran und laß es braun werden, dann gieß etwas Bertramessig oder die Bratsauce daran, hernach die Linsen, salze und pfeffere sie, und laß sie noch mal aufkochen. Zuletzt gieb gebratne Rebhühner in Viertl hinein und gieb es als Gemüs samt Auflag.

Die Linsen werden am Vortag gewaschen und in kaltem Wasser eingeweicht. Man setzt sie dann im Einweichwasser zu, dem man die klein geschnittene Zwiebel und Salz beigibt. Zugedeckt langsam weich kochen. Je nach Größe und Qualität der Linsen dauert das 30–60 Minuten. Dann stellt man aus Fett und dem in kleine Würfel geschnittenen Speck mit Mehl eine goldgelbe Einbrenne her, die mit der Linsenbrühe aufgegossen wird. 5 Minuten kochen lassen. Mit Salz, Essig und Pfeffer abschmecken. Unmittelbar vor dem Servieren gibt man die in Viertel geschnittenen, gebratenen Rebhühner hinein.

Ranner (Rote Bete, Rote Rüben)

1 kg Ranner

Zur Marinade:
¼ l Wasser
⅛ l Essig
Salz
2 EL Öl
1 Msp Kümmel
1 TL Zucker
1 kleine Zwiebel

Ranner
Siede die Ranner weich, schäle sie ab, blatle sie in ein Geschirr, gieb Essig daran und Kem.

Von den Roten Rüben werden die Wurzeln und Blätter abgeschnitten, ohne die Rübe zu beschädigen. Nun werden die Ranner in wenig Wasser etwa 50–60 Minuten lang gedämpft, bis sie weich sind. Dann werden sie heraus genommen, mit kaltem Wasser übergossen, geschält und in dünne Scheiben geschnitten. Die zuvor angesetzte Marinade gießt man jetzt über die noch warmen Roten Rüben. Zum Abschmecken gibt man die klein geschnittene Zwiebel und Kümmel dazu. Vor dem Servieren sollte man das Ganze wenigstens zwei Stunden durchziehen lassen.

Selleriesalat

1 Sellerieknolle

Ölmarinade:
2–3 EL Essig
3–4 EL Öl
Salz
1 Msp Zucker
fein geschnittenes Petersilien- und Selleriekraut
Gemüsesud

Die Sellerieknolle wird gewaschen, gebürstet, halbiert und in Salzwasser 30–50 Minuten weich gedämpft. Solange die Knolle noch warm ist, wird sie in Scheiben geschnitten und mit der Ölmarinade angemacht, die zuvor angesetzt werden muss. Vor dem Verzehr sollte der Selleriesalat noch einige Stunden durchziehen.

Zelleri Salat
Siede den Zeleri, schölle ihn ab, blatle ihn auf, Salz ihn, thu Essig u. Öl daran.

Senf

250 g weißes Senfmehl
250 g braunes Senfmehl
3 EL Olivenöl
3 EL Salatöl
1 EL gemahlener weißer Pfeffer
1 EL Salz
230 g Zucker
60 g fein geschnittene Kapern
4 fein geschnittene Knoblauchzehen

Dies alles wird zusammengemengt und gut miteinander verrührt. Schließlich wird diese Masse mit ¼ l Weinessig gut durchmischt und abgerührt.

Senf
Man nimmt ½ Pfund weißes und ½ Pfund braunes Senfmehl und um 6 X Englisches dazu – 3 Eßlöffel voll Trovenier Öhl – dieses zusammen wird so lang ab getrieben, bis es keine Patzln mehr giebt, sodann giebt man um 1 Eßlöffel voll weißen gestossenen Pfeffer und 1 Eßlöffel voll Salz und nicht gar ½ Pfund gestoßenen Zucker und dann um 12 X Capri recht fein geschnitten und mit 1 V. Weineßig abgerührt, dann ist er fertig. 4 Zehen Knoblauch Farinas Zucker

Weiße Rüben

1 kg Weiße Rüben
40 g Butter
2 EL Mehl
2 TL Zucker
½ l Fleischbrühe

Weiße Rüben
Schneide Rüben stanglicht, gieb Butter u. einwenig Zuker in einen Tegl daß er einwenig braun wird, thu die Rüben darein, u. laß es weich dünsten, dan nim schönes Mehl u. staube sie, u. laß es wieder kochen, schütte Fleischsuppe daran, daß es in der Dicke recht wird.

Die Rüben werden gewaschen, geschält und in schmale, dünne Streifen geschnitten. Gib Butter in einen Topf und den Zucker dazu. Diesen lässt man unter ständigem Rühren karamellisieren, und wenn er beginnt braun zu werden, gibt man die Rübenschnitzel dazu. Je nach Dicke der Streifen müssen diese nun etwa 15–30 Minuten dünsten, bis sie weich sind. Dann wird unter ständigem Rühren das Mehl darüber gestaubt, und schließlich schüttet man die Fleischbrühe dazu. Nun lässt man das Ganze noch 10–15 Minuten köcheln.

Geselchtes mit Sauerkraut

1 Zwiebel
30 g Butterfett
1 kg Sauerkraut
3/4 l Wasser
1 kg durchwachsenes, geräuchertes Schweinefleisch

Die Zwiebel wird klein geschnitten und in einem Topf mit Butterfett gedünstet, bis sie glasig ist. Dazu gibt man dann das Sauerkraut, würzt es mit einer Prise Kümmel und etwa fünf Wacholderbeeren und schüttet darauf einen dreiviertel Liter Wasser dazu. Jetzt kommt noch das geräucherte Schweinefleisch dazu, das mitgekocht wird. Etwa ein bis eineinhalb Stunden muss das Ganze kochen. Dazu passen besonders gut Erdäpfel- oder Mehlknödel.

Weiberfei

1 kg Kartoffeln
3 EL Sauerrahm
1 Ei
2 EL Mehl
Salz
2 Zwiebeln
Butterfett

Weiberfei
Schäl die Erdäpfl, reib sie auf dem Eisen, press sie ein wenig, gib ein halbes Quartl Ram daran, Salz es, Ei und Zwiefelbrökl darein, fett die Rein gut, gib den Teig darein, in das Rohr und brate sie bräunlicht.

In der Mundart werden oftmals die Frauen als „Weiber“ bezeichnet und „fei“ bedeutet faul. Das nachstehende Rezept bedeutet jedoch keineswegs, dass die Frauen faul wären. Ganz im Gegenteil. Es handelt sich hier um ein Rezept, das einfach und schnell umzusetzen ist, weil die Bäuerinnen wegen der vielen Arbeit am Hof oftmals wenig Zeit zum Kochen hatten.

Die Kartoffeln werden geschält, gewaschen, gerieben und leicht gepresst, damit das Wasser abtropft. Dann wird der Sauerrahm dazugemischt. Dann werden das Ei, Salz und die fein geschnittene Zwiebeln dazugemengt. Dieser Teig wird nun in eine gut vorgefettete Reine gegeben und goldgelb, knusprig im Rohr herausgebacken.

Hanichl

750 g gekochte Kartoffeln vom Vortag
450 g Mehl
2 Eier
4 Esslöffel Sauerrahm
Salz

Hanichl
Thue Mehl auf ein Nudlbrett, nim Salz ein Quartl sauern Ram ein paar Lot Mehl, die Erdäpfl mit dem Ribleisn, mach in an, Walg Nudeln wie ein Finger daraus Bachs bei guter Hitze im Schmalz.

Unter Hanichl versteht man die gut daumendicken, entrindeten Stämmchen junger Fichten, die in verschiedenen ländlichen Gegenden als Zaunlatten verwendet werden. Da das Ergebnis des folgenden Rezeptes den Hanichln ähnelt, entstand wohl diese Speisenbezeichnung. Die gekochten Kartoffeln vom Vortag werden gerieben und zusammen mit dem Mehl, den Eiern und dem Sauerrahm zu einem geschmeidigen Teig geknetet. Daraus werden dann fingerdicke, etwa 15 cm lange Nudeln gewalzt. Diese schlitzt man auf der Oberseite der Länge nach leicht auf und bäckt sie im heißen Butterschmalz schwimmend heraus.

Schuastafleckl

1 kg gekochte, kalte Kartoffeln
160 g Mehl
50 g Butter
Salz
4 Eier

Unter „Schuasta" versteht die Mundart einen Schuhmacher. Das waren in der Regel arme Leute. Entsprechend einfach war auch ihre Küche. Die gekochten und erkalteten Kartoffeln werden geschält und fein gerieben. Dann wird das Mehl darübergegeben und mit Salz abgeschmeckt. Aus dieser Masse wird nun ein geschmeidiger Teig geknetet. Daraus formt man nun etwa einen Zentimeter dicke und handtellergroße Scheiben, die in einer mit Butter ausgestrichenen Reine oder Pfanne goldgelb herausgebacken werden. Man kann die Schuastafleckl zu Sauerkraut oder Kompott essen, man kann sie aber auch, je nach Belieben, mit Rührei übergießen.

Gemüseauflagen

Hirnscheitl

250 g Kalbshirn
Salz und Pfeffer
3 Semmeln
½ l Milch

Hiern – Scheitl
Treibe ein Stück Butter ab, rühre Eier daran und gesiebte Semmelbrösel, übersiede ein Hirn, häute es rein ab, hacke es klein zusammen, salze und pfeffere es und rühre es gut ab, dann mache in Semmelbrösel länglichte Stritzel aus, backe sie wie obige.

Das gekochte Hirn wird gehäutet, durch den Fleischwolf gedreht und mit Salz und Pfeffer gewürzt. Dazu mengt man dann den Abrieb der Rinde von 3 Semmeln. Die Semmeln selbst werden in dicke Scheiben geschnitten, in Milch und Eier getaucht und mit der Hirnmasse bestrichen. Diese Scheiben richtet man schichtweise aufeinander in eine Auflaufform und bäckt sie im Rohr bei 160–180 Grad C je nach Dicke der Scheiben 30–40 Minuten.

Kalbsbries

300 g Kalbsbries
Salz und Pfeffer
60 g Butter
100 g Semmelbrösel

Grilirtes Kalbbrieß
Übersiede das Kalbsbrieß, häute es rein ab, salze und pfeffere es, kehre es in heißem Butter um, brösle es ein, gieb in ein Reindl Butter, lege das Brüß hinein, brate es schön gelb und gieb es als Auflag zum Gemüs.

Das Kalbsbries wird mit kochendem Wasser übergossen und gehäutet. Dann kommt es in einen Topf mit heißer Butter und wird darin mehrfach gewendet. Dann wird es dick mit Semmelbrösel bestreut und in eine Reine mit heißer Butter gelegt und im Rohr goldgelb gebacken (etwa 40 Minuten bei 180 Grad C). Nachdem man es heraus genommen hat, wird das Bries in kleine Rechtecke geschnitten und als Gemüseauflage serviert.

Kartoffelwürstl

500 g Kartoffeln
1 l Fleischsuppe
50 g Butter
2 Eier
Salz
Pfeffer
¼ l Sauerrahm
100 g Semmelbrösel

Kartoffel-Würstl
Schäle rohe Kartoffel, siede sie in Fleischsupp, treibe etwas Fett ab, schlage Eier daran, zerdrück die Kartoffel fein, gieb Salz, Pfeffer und sauern Rahm dazu, verrühre alles gut, dann mache in Semmelbrösel länglichte Stritzel aus, backe sie in Schmalz schön gelb und gieb sie als Auflag zum Gemüs.

Die rohen Kartoffeln werden geschält, gewaschen, in Fleischsuppe gekocht und dann durchgedrückt oder gerieben. Die erhitzte Butter, ein Ei, Salz und Pfeffer sowie der Sauerrahm werden zu den Kartoffeln gegeben und gut damit vermengt. Aus dem Teig macht man längliche Stritzel, die in Semmelbrösel gewälzt und dann in heißem Fett heraus gebacken werden. Diese Kartoffelwürstl gibt man als Auflage zu Gemüse.

Soßen

Helle Grundsoße

40 g Butter
40 g Mehl
½ l Flüssigkeit (Fleisch-, Hühner-, Knochenbrühe, Gemüsesud, Milch, Fischsud)
Salz

Mit Butter und Mehl wird eine helle Einbrenne angerührt, die mit einer Brühe (s. o.) langsam aufgegossen und mit einem Schneebesen gerührt wird. Die Soße wird jetzt gesalzen und je nach Geschmacksrichtung gewürzt. 5–10 Minuten köcheln lassen. Ein kleines Stück Butter vor dem Servieren zur Verbesserung des Geschmacks dazu geben. Wird mit Ei legiert, so genügen 30 g Mehl. Diese Grundsoße ist Basis für alle hellen Soßen mit Einbrenne.

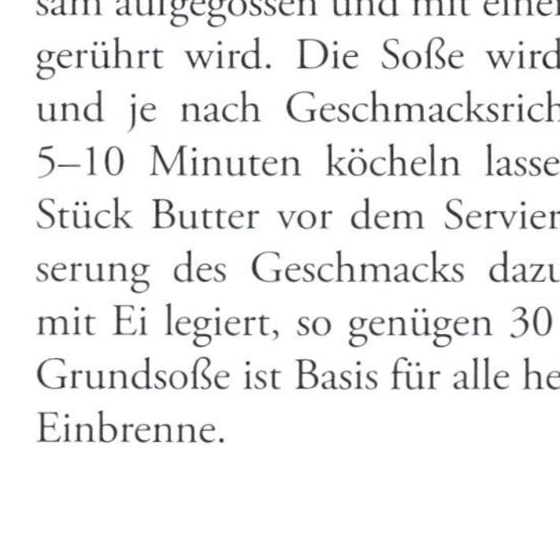

Hagebuttensoße

250 g Hagebutten
etwas Rinde von 2 Semmeln
¼ l Wein
60 g Zucker
etwas abgeriebene Zitronenschale
1 Prise Zimt

Die getrockneten Hagebutten werden in Wasser zusammen mit der Rinde von zwei Semmeln weich gekocht (je nach Größe 30–60 Minuten) und durch ein feines Sieb gedrückt. Die Masse wird mit Wein verdünnt und abgeschmeckt mit Zucker, etwas abgeriebener Zitrone und ein wenig Zimt. Das ganze wird dann leicht aufgekocht und eingedickt. Diese Soße gibt man zu Mehlspeisen.

Hagebutten-Sauce
Die getrockneten Hagebutten kocht man im Waßer mit etwas Semmelrinde weich und dick ein, streicht sie durch's Haarsieb, verdünnt sie mit Wein, giebt den nöthigen Zucker, worauf das Gelbe einer Zitrone abgerieben ist sammt dem Safte und etwas gestoßenem Zimmt dazu und läßt sie dann auf dem Feuer heiß werden. – Hagebutten und Kirschen-Sauce müßen etwas dick eingekocht werden, auch darf man sie nach dem Durchstreichen nicht wieder kochen laßen. Giebt man sie zu Mehlspeisen, so kann man ein Glas Malaga oder andern süßen Wein dazu mischen.

Sauerampfersoße

½ l Fleischbrühe
40 g Butter
40 g Mehl
5 EL Sauerampfer
2 EL Sahne
1 TL Zitronensaft

In einem Topf wird aus Butter und Mehl eine helle Einbrenne angerührt, in die der gewaschene und fein geschnittene Sauerampfer gegeben wird. 5–10 Minuten dünsten lassen. Mit Fleischsuppe wird aufgegossen.

Sauerampfer-Sauce
Laß etwas Fett in einem Reindl zerschleichen gieb den gewaschenen Sauerampfer hinein mache eine dünne Einbrenn, thue den Sauerampfer drein, gieß ihn mit Supp auf und laß ihn sieden, dann frikassire die Sauce.

Schnittlauchsoße

½ l Grundsoße
Dotter von 4 hart gekochten Eiern
4 EL klein geschnittener Schnittlauch
2 EL Essig
Salz

Eine helle Grundsoße fertigen. Die zerbröselten Dotter von vier hart gekochten Eiern und der Schnittlauch werden in die Soße gerührt. 5–10 Minuten leicht aufkochen lassen. Mit etwas Essig und Salz abschmecken. Diese Soße gibt man bevorzugt zu Rindfleisch.

Schnittlauch-Sauce
Siede Eier hart, löse dann die Dötter aus, treibe sie fein ab, dann gieb Eßig, Salz und klein geschnittnen Schnittlauch daran, verrühre sie gut und gieb sie zum Rindfleisch.

Schwammerlsoße

400 g Pilze
110 g Butter
80 g Mehl
½ l Rindsuppe
¼ l Sauerrahm
Petersiliengrün
Salz

Schwämmerl-Soß
Man putzt die Schwämme, mache eine Buttereinbrenn, gib feinen Petersil daran, dann die blattlich geschnittenen Schwämme, laß es anlaufen, gieß es mit guter Rindsuppe auf, ein paar Löffel voll Rahm dazu, und fertig.

Die geputzten, blättrig geschnittenen Pilze werden mit 60 g Butter und fein geschnittenem Petersiliengrün etwa 5–10 Minuten weich gedünstet. Aus der restlichen Butter und dem Mehl wird eine helle Einbrenne gerührt, zu der die weich gedünsteten Pilze gegeben werden. Nach der Zugabe der Fleischsuppe lässt man alles etwa 20–30 Minuten leicht kochen. Dann wird der Sauerrahm dazu gegeben und mit Salz abgeschmeckt.

Semmelkren

3 alte Semmeln
4 EL Meerrettich
½ l Rindsuppe
30 g Butter
1 Msp Zucker
Salz

Semmel-Krenn
Thu Butter in einen Tegl, laß ih zergehen, thu Semmelbresl darein, laß es einwenig anlaufen, dann thu den geriebenen Krenn darein, schütte Fleischsuppe daran, salz einwenig, auch laß ihn aufsieden, auch einwenig Safran, auch Zucker daran.

Die abgeriebenen Semmeln in warmer Rindsuppe 30 Minuten einweichen. Dann unter Rühren mit dem Schneebesen aufkochen lassen und den frisch geriebenen Meerrettich dazurühren. Mit etwas Zucker und Salz würzen und noch etwa 5 Minuten köcheln lassen. Vor dem Servieren rührt man noch ein Stückchen Butter dazu. Zu gekochtem Fleisch geben.

Zwiebelsoße

350 g Zwiebeln
30 g Butter
40 g Speck
1 EL Mehl
½ l Fleischbrühe
1 Msp Zucker
Salz
Pfeffer
3 EL Sahne
3 EL Essig

Zwiebel-Sauce
Laße fein geschnittene Zwiebel, Zucker und Fett lichtbraun werden, gieb dann Mehl hinein und laß es noch dünsten, dann gieße etwas (Bertram-) Essig daran, hernach Supp und ein wenig Salz und laß es kochen. Vor dem Anrichten passire sie durch und gieb sie zum Rindfleisch.

Den Speck in kleine Würfel schneiden und zusammen mit der Butter erhitzen. Die in dünne Scheiben geschnittenen Zwiebeln hinein geben und 10 Minuten weich dünsten lassen. Mit Mehl stauben und unter Rühren leicht anrösten. Dann wird mit Fleischbrühe aufgegossen und mit Salz, Pfeffer und Zucker gewürzt. 10–20 Minuten köcheln lassen und vor dem Anrichten mit Sahne und Essig abschmecken. Zu Teigwaren und gekochtem Fleisch.

Teigsorten

Backteig (Bierteig, Weinteig, Milchteig)

200 g Mehl
1 Msp Salz
1 EL Öl
2 Eier getrennt
¼ l Bier
Wein oder Milch

Mehl in eine Schüssel geben, salzen und in die Mitte eine Vertiefung drücken. Öl, Bier oder Wein und Eigelb nach und nach vom Zentrum ausgehend zum Mehl rühren. 30 Minuten aufquellen lassen. Einen steifen Eischnee rühren und ganz zuletzt unter die Masse heben. In den dickflüssigen Backteig wird das Backgut getaucht, ehe man es zum Ausbacken in das heiße Fett gibt.

Brandteig

50 g Butter
¼ l Wasser
150 g Mehl
1 Prise Salz
4 Eier

Wasser oder Milch, Salz und Butter werden in einem Topf zum Kochen gebracht und dann vom Herd genommen. Wichtig ist, dass das zu verwendende Wasser oder die Milch mit der Butter kocht, bevor das Mehl abgebrannt wird. Davon kommt der Name dieses Teiges, der sich von anderen Teigsorten unterscheidet, dass eben abgebranntes und nicht „rohes" Mehl verwendet wird. Das Mehl auf einmal in die kochend heiße Flüssigkeit schütten und glatt rühren. Jetzt setzt man den Topf wieder auf den Herd und rührt die Masse so lange bei geringer Hitze, bis sich am Boden des Topfes eine weiße Haut, und im Topf ein Kloß bildet, die Masse sich also vom Topf und Kochlöffel löst. Nun werden nacheinander die verquirlten Eier zu dem heißen Kloß gerührt. Der Teig muss glänzen und glatt sein und sollte zapfenförmig vom Kochlöffel hängen. Man verwendet den Brandteig zu Suppeneinlagen, aber auch zu Hohlgebäck, wie Windbeutel, Strauben, Stritzel, Krapfen usw.

Eischwerteig

Der Eischwerteig ist ein **Rührteig**, der mit oder ohne Fett hergestellt werden kann.

Zutaten:

1 Ei
1 eischwer Zucker
½–1 eischwer Butter
1 eischwer Mehl

Hefeteig

500 g Mehl
¼ l lauwarme Milch
1 Prise Salz
20–30g Hefe
80–110g Butter
50–80g Zucker
1–2 Eier

wahlweise Geschmackszutaten:
Abgeriebene Zitronenschale
Vanillinzucker
Rosinen
Rum
Mandeln
Nüsse

Das Mehl in eine Schüssel geben und in die Mitte eine Mulde drücken. Die zerbröselte Hefe mit etwas lauwarmer Milch, 1 TL Zucker und etwas Mehl in der Mulde zu einem Dampferl (Vorteig) anrühren und mit etwas Mehl bestäuben. Zugedeckt an einem warmen Ort etwa 15 Minuten gehen lassen, bis sich das Volumen des Teiges in etwa verdoppelt hat. Zucker, Salz und die Geschmackszutaten auf den Rand der Mulde streuen, weiche Butter dazu geben oder in der restlichen warmen Milch erwärmen. Den aufgegangenen Vorteig mit etwas Mehl verrühren, Eier, die lauwarme Milch und die Geschmackszutaten dazu geben. Nun muss der Teig kräftig abgeschlagen werden, bis er geschmeidig ist (Küchenmaschine mit Knethaken). Teig abermals zugedeckt etwa 30 Minuten gehen lassen, bis er die doppelte Größe erreicht hat. Dem Hefeteig die gewünschte Form geben und vor dem Backen auf dem Blech oder in einer Form zum dritten Mal gehen lassen. Backzeit z. B. bei einem Hefezopf 45 Minuten bei 180–200 Grad C.

Mürbteig

Das Grundrezept ist ausgelegt für einen Kuchenboden von 28 cm Durchmesser:

250 g Mehl
130 g kalte Butter
1 Ei oder 2 Eigelb
1 EL Sauerrahm
1 Prise Salz
1 Msp Backpulver
75 g Zucker
etwas abgeriebene Zitronenschale oder Vanillinzucker

Das Mehl wird mit Backpulver, Salz, Zucker, abgeriebener Zitronenschale oder Vanillinzucker vermengt. Feste Butter mit dem Messer in dünnen Blättchen darüber schneiden. In das Mehl eine Mulde drücken und da hinein Ei und Sauerrahm geben und alles miteinander vermischen. Zügig mit den Händen einen glatten Teig kneten und diesen sofort kalt stellen. Dann den Teig dünn ausrollen und damit eine Springform auslegen. Die leicht hoch gezogenen Ränder andrücken und den Boden mehrmals anstechen. Für Obstkuchen- und Tortenböden beträgt die Backzeit ohne Belag 20–25 Minuten bei 200 Grad C.

Für einen einfachen Mürbteig rechnet man: Die Hälfte der Mehlmenge Butter, die Hälfte der Buttermenge Zucker. Die übliche Zubereitungsart für Mürbteig ist bröseln und kneten des Teiges. Alle Zutaten werden kalt und rasch zusammengeknetet, damit er nicht zu weich wird. Der Mürbteig muss vor und nach dem Formen kalt gestellt werden, damit er genügend Festigkeit bekommt zum Auswalken. In den ausgerollten Mürbteig muss man mehrmals mit einer Gabel Löcher stechen, damit sich keine Blasen bilden. Bleche und Formen müssen nicht gefettet werden. Als Backtemperatur wählt man 200–220 Grad C.

Sandteig

Wenn man zum Eischwerteig Butter gibt, so wird daraus der Sandteig, wenn gleichschwer verwendet wird. Der Eischwerteig und der Sandteig werden ohne Backpulver zubereitet. Sandteig ist die Grundmasse für viele Kuchen und kann für viele Backwaren genauso wie ein Rührteig eingesetzt werden.

Strudelteig

250 g Mehl
2 EL Öl
1 Prise Salz
⅛ l lauwarmes Wasser

In das Mehl, das in eine Schüssel gegeben wird, drückt man in der Mitte eine Mulde, in die man Salz und lauwarmes Wasser gibt. Dies wird zu einem geschmeidigen Teig verarbeitet (Küchenmaschine mit Knethaken). Teig auf bemehlter Unterlage fest durchkneten und dann so lange auf die Unterlage schlagen, bis er glatt und glänzend geworden ist. Dann wird er als Kugel mit der angewärmten Schüssel zugedeckt. 30 Minuten stehen lassen. Portionieren und die jeweiligen Stücke auf einem bemehlten Tuch auswalken und an den Rändern vorsichtig mit den Fingern möglichst dünn ausziehen. Dann diese Flecken mit flüssigem Schmalz und Rahm bestreichen, mit der Fülle belegen und mit Hilfe des Tuches einrollen. Die Enden und Ränder festdrücken und in die kräftig gefettete Reine legen. Im Rohr goldbraun backen.

Mehlspeisen

Darunter versteht man in der Regel warme Gerichte, die überwiegend aus Mehl hergestellt werden. Mehlspeisen werden als Nachtisch, aber auch häufig als fleischloses Hauptgericht serviert. Durch Zutaten wie Eier, Milch und Quark werden sie zu vollwertigen Mahlzeiten.

Apfelauflauf

700 g Äpfel
⅛ l Weißwein
4 EL Zucker
Zitronenschale

Für die Teigmasse:
80 g Butter
4 Semmeln
100 g Zucker
200 g Rosinen
abgeriebene Zitronenschale
1 TL Zimt
4 Eier

Zum Backen:
40 g Butter

Die Äpfel werden geschält, entkernt, aufgeschnitten und in Weißwein mit etwas Zitronenschale und Zucker nicht ganz weich gedünstet. Dann lässt man sie abtropfen und mengt die Rosinen darunter. Die vier in Milch eingeweichten und ausgedrückten Semmeln werden in heißer Butter angeröstet und zunächst zur Seite gestellt. Dann werden Zimt, Zucker, abgeriebene Zitronenschale und vier Eidotter dazu gemengt sowie der Schnee vom Eiweiß der vier Eier darunter gehoben. In eine gut gefettete Auflaufform werden jetzt die Semmelmasse sowie das Apfel-Rosinen -Gemisch lagenweise eingefüllt. Die oberste Schicht muss die Semmelmasse einnehmen. Über den Auflauf wird etwas Apfelsud geschüttet und Butterflocken darüber gestreut. Im vorgeheizten Rohr bei 165–180 Grad C 35–45 Minuten lang backen.

Äpfelauflauf
Man nimmt Borsdorfer Äpfel, schält und höhlt sie aus und füllt sie dann mit eingemachten Himbeeren. Dann rühre 6 Lth. Butter; schlag 9 Eierdotter daran, 9 Lth. Zucker, 30 Stück gestoßne bittre Mathronen ½ Maaß Rahm, zuletzt wird das Eierweiß zu Schnee geschlagen, und darunter gerührt, auf die Äpfel, welche in einem mit Butter bestrichenen Wandl eingerichtet sind.

Apfelwandl

6 Äpfel
1 l Wasser
80 g Butter
5 Eier
3 EL Semmelbrösel
abgeriebene Zitronenschale
100 g Zucker

Apfelwandl und Weichselwandl
Äpfel weichkochen, schälen, Kernhaus weg.
Für die Weichsel:
Es werden vorher die gedörrten Weichseln in Wein und Wasser abgesotten, die Kerne ausgelöset, fein zusammengewiegt, dann in der Sauce die Rinde vom Hausbrod eingeweicht, dann ausgedrückt und ebenfalls wieder fein gewiegt. Dann werden Zucker und Eierdotter so viel man machen will, recht schaumig abgerührt, zuletzt das Brod, die Äpfel oder Weichseln, gestoßener Zimmt und Nelken, Zitronenschälchen auch eine Portion recht fein gestoßene Mandeln und von den Eiern das Weiße zu recht feinemSchnee geschlagen dazu. Alles in ein Wandl halb voll gefüllt und goldgelb gebacken bei geringer Hitze.

Die Äpfel werden in Wasser weich gekocht, dann werden sie geschält und entkernt. In einem Topf wird Butter schaumig gerührt. Dazu gibt man dann die zerdrückten Äpfel, rührt nacheinander fünf Eidotter, die Semmelbrösel, die abgeriebene Zitronenschale und den Zucker dazu und mengt alles gut zusammen. Mit der Masse füllt man dann eine Auflaufform (= Wandl) halb voll und bäckt sie bei 160–175 Grad C etwa 30–40 Minuten lang, bis sie eine goldgelbe Farbe bekommt.

Bayerische Nudeln

500 g Mehl
¼ l lauwarme Milch
1 Prise Salz
20 g Hefe
90 g Butter
80 g Zucker
2 Eigelb
1 EL abgeriebene Zitronenschale

Bayrische Nudl
Man nimt ½ Pfund Mehl stelts warm, Salz, ganz wenig dann im 2 Eslöfl vol gute Germ in ein Haferl wie auch ein Ey und 1 Doder, 2 Loth zerlaßne Buter und einwenig gute Milch Die Milch darf in der Rein nicht über die Nudl aufgehn.

Aus den angegebenen Zutaten einen Hefeteig machen. Nachdem dieser gegangen ist, werden mit einem Esslöffel kleine Nudeln abgestochen, rund geformt auf dem mit Mehl bestreuten Nudelbrett. In einer Bratreine Butter zergehen lassen, in dem die Nudeln gewälzt werden. Diese dann in die Reine setzen und wiederum gehen lassen. Im vorgeheizten Backrohr bei 180–190 Grad C etwa 30 Minuten goldbraun backen. Dann die Reine stürzen und die Nudeln voneinander lösen.

Bischofbrot

Ausgangsbasis ist ein Eischwerteig (siehe Teigsorten) ohne Butter.

125 g abgezogene Mandeln
125 g Rosinen
80 g abgeriebene Pomeranzenschale
die klein geschnittene Schale einer halben Zitrone

Diese Zutaten werden zum Eischwerteig gemischt. Den Teig gut durchkneten und in eine gefettete und mit Semmelbrösel bestreute Form geben. Ins vorgeheizte Backrohr schieben, bei 175 Grad C anbacken und bei 190 Grad C fertig backen. Backzeit: Etwa 60 Minuten. Man kann den Kuchen mit einer Zitronenglasur bestreichen.

Bischof – Brod
Rühre mit 1 Pfund Zucker 20 Eierdötter von der Klar die Hälfte Schnee dazu, hernach gieb 36 Loth Mehl ¾ Pfund abgezogene Mandl gestiftelt geschnitten, ¾ Pfund Rosinen, ¾ Pfund Weinbeer, 6 Loth Pomeranzenzeltl, alles länglicht geschnitten, von einer Citrone die Schale fein geschnitten und darein gerührt, dann schmiere einen Modl mit Butter, brösle ihn aus, gieß den Teig hinein, gieb ihn in's Rohr und laß ihn schön backen, wenn es fertig ist, schneide es zu Schnitten auf.

Brandstrauben in der Milch

Brandteig (siehe Teigsorten)

Etwa 1 l Milch
etwas Vanille
80 g Butter
50 g Zucker

Zunächst wird ein zähflüssiger Brandteig zubereitet. Diesen füllt man in einen Trichter und lässt die Masse in die kochende Milch laufen. Wenn die länglichen, unregelmäßig geformten Strauben goldgelb gekocht sind, seiht man sie ab und gibt sie in eine Reine, in der man zuvor Butter und Zucker zergehen ließ. Die Reine schiebt man in das vorgeheizte Rohr und lässt die Strauben noch etwa 10–15 Minuten bei 190 Grad C garen, bis sie eine hellbraune Farbe bekommen.

Brand Strauben in der Milch
Siede ein wenig Schmalz in Waßer, dann gieb das Mehl drein und trockne so den Teig auf der Gluth herunter gieb ihn dann in eine Schüßel, schlag Eyer drein, auch etwas Zucker, dann laß in einem Reindl Milch sieden, gieb etwas Vanille drein, laß den Zeug durch den Trichter in die siedende Milch laufen – wenn sie gesotten sind, seihe die Strauben ab, und laß den übrigen Teig hinein, dann gieb in ein Reindl Zucker und Butter laß beydes zergehen, gieb die gesottenen Strauben hinein und laß sie schön braten.

Brein gedünstet (Hirse)

350–500 g Hirse
¾ –1 l Milch
Salz
5 geschälte und
in Scheiben geschnittene Äpfel
4 EL Schmalz
⅛ l Wasser

Gedünsteter Brein
Zu einen Maßl Brein nimt man ein großes Maierl Milch und auch ein Schmalz dazu in die Rein und salzen, wen die Milch verdünst ist dan schert man den Brein in der Seite auf, und thu Apflspeitl darein streiche den Brein darüber laß es wieder dünsten dann im 2 theile Schmalz und ein theil Wasser in ein Pfandl laß es aufsieden wen der Brein weich genug ist dan schüte es darüber, schere es gut untereinander ist fertig.

In eine Bratreine werden Hirse, die Milch und die Hälfte des Schmalzes gegeben. Diese Masse wird ein wenig gesalzen und durcheinander gemischt. Dann lässt man das Ganze etwa 15–20 Minuten weich dünsten. Wenn die Milch verdunstet ist, schiebt man abschnittsweise die Hirse zur Seite, legt auf dem Boden der Reine die Apfelschnitten aus und streicht die Hirse wieder darüber. Dann lässt man alles nochmals 10–15 Minuten dünsten. In der Zwischenzeit erhitzt man die andere Hälfte des Schmalzes zusammen mit derselben Menge Wasser und schüttet dies über die Hirse. Nachdem alles gut miteinander vermengt wurde, wird der gedünstete Brein serviert.

Brotauflauf

1 l Milch
250 g von Schwarzbrot abgeriebene Rinde
1 Prise Salz
die klein geschnittene Schale von ½ Zitrone
etwas Zimt
ein wenig Nelkenpulver
100 g geriebene Mandeln
50 g Butter
20 g Butterflocken
80 g Zucker
5 Eier getrennt
etwas Arak
1 EL Rotwein

Aus Milch, Zitronenschale, Salz, Brotrinde, Zimt- und Nelkenpulver einen dicken Brei kochen und ein wenig abkühlen lassen. Inzwischen werden Eigelb, Zucker und Butter schaumig gerührt. Den Brei allmählich dazu geben und die Mandeln darunter mischen. Jetzt wird der steif geschlagene Eischnee von den fünf Eiern darunter gezogen. Die Masse in die gefettete und mit Semmelbröseln bestreute Auflaufform füllen, die Butterflocken darüber streuen sowie etwas Arak und Rotwein darüber gießen. Im vorgeheizten Backrohr auf der untersten Schiene bei 200–210 Grad C etwa 45 Minuten backen.

Brod – Auflauf

Zu 12 Lth. Zucker reibe 1 Citrone ab, etwas Zimmt, Nelken, ¼ Pfund gestoßene Mandl alles mit 8 Eyerdotter ¼ tl Stunde lang verrührt, dann thut man etliche Handvoll geriebenes schwarzes Brod hinzu, dann den Schnee von 8 Eyern. Der Form wird bestrichen und gebröselt und der Teig darin gebacken. Auch etwas Arak und rothen Wein, gieß ihn darüber, in dem Rohre laß es eintrocknen, stürze ihn auf eine Schüßel, und gieß ihn nochmals über, doch mach mit der Gabel währenddessen Löcherchen in den Auflauf.

Erdäpfelmus

⅛–¼ l Milch
1 Prise Salz
1 Stückchen Zitronenschale
250 g Kartoffeln
50 g Butter
100 g Zucker
5 Eier getrennt

Wenn die gekochten Kartoffeln geschält sind, werden sie fein gerieben. Trocknen lassen. Dann bildet man von den Kartoffeln, dem Zucker, dem Salz, der Zitronenschale und den fünf Dottern einen Brei, unter den man darauf den Schnee von drei Eiern hebt. Eine Auflaufform einfetten, mit Semmelbrösel bestreuen und die Masse hinein geben. Bei 200 Grad C etwa 40 Minuten im Rohr backen.

Das köstliche Erdäpfel-Mus
Wenn die Erdäpfel gesotten sind, so schäle sie ab und reibe sie recht fein, dann läßt man sie drückern – nimm 1 V. gefähten Zucker – 1 V. Erdäpfel – dann treibt man 8 Eierdotter, einen nach den andern hinein – von 2 Klar den Schnee geschlagen, Limonieschaln – es muß 1 ganze Stunde geschlagen werden, dann schmiere den Modl aus, besäe ihn, fülle ein und back's im Rohre.

Erdbeerpofesen

5 Semmeln
¼ l Milch
70 g Butter
150 g Erdbeeren
2 Eiklar
3 EL Semmelbrösel
80 g Zucker
2 EL Rotwein
Zitronensaft

Die in Scheiben geschnittenen Semmeln werden ganz kurz in Milch getaucht und in Butter geröstet. Aus den rohen, zerdrückten Erdbeeren, Semmelbrösel, Zitronensaft, Rotwein und Zucker eine Masse mengen, die auf die gebackenen Semmelschnitten gestrichen wird. Den Schnee von zwei Eiklar darauf geben und im Rohr etwa 5–10 Minuten bei etwa 180 Grad C backen, bis der Eischnee leicht bräunlich wird.

Erdbeer-Pafösen
Man röste Semmelschnitten in Butter streicht die rohen Erdbeer mit Semmelbrösel, Zucker, rothen Wein, Citronen vermengt darauf, überzieh sie mit Schnee, dann wieder Zucker darauf säen, und im Backofen eine schöne Farbe geben. Rothes Gellèe gießt man darüber.

Fingerkolatschen

Ausgangsbasis ist ein Hefeteig. Es kann aber auch ein Brand- oder ein Mürbteig verwendet werden.

Finger-Golatschen
8 Loth Butter – 8 Loth Schmalz werden pflaumig abgetrieben, dann mische 8 Loth gestoßenen Zucker mit 3 Eierdotter, Limonieschaln – zuletzt menge 20 Loth Mehl fein gesiebt darunter etwas salzen. Dann stich mit einem Löffel einen Teig heraus, walke ihn Kronnenthalerund aus, mache mit dem Finger in der Mitte eine Vertiefung hinein, thue etwas Eingesottenes hinein bestreich mit Eierdotter, bestreu sie mit grob gestiftlgeschnittnen Mandln und backe sie im Rohre.

Von dem gewählten Teig werden mit einem Löffel kleine Mengen heraus gestochen und Finger dick ausgerollt. In die Mitte wird mit den Fingern eine Mulde gedrückt, sodass ein Rand stehen bleibt. Da hinein gibt man dann in einzelne Zonen verschiedene Marmeladesorten. Diese kann man wahlweise noch mit Eidotter bestreichen und mit geschnittenen Mandeln belegen. Im Rohr werden sie (Hefeteig) bei 180–200 Grad C etwa 30–40 Minuten gebacken.

Grießschmarrn, Holzhauerschmarrn

250 g Grieß
1 l Milch
1 Prise Salz
etwas Zitronenschale
4 Eier
2 EL Zucker
60 g Schmalz
4 EL Zimtzucker oder Puderzucker
zum Bestreuen

Grisschmarng
Nim Schmalz und Milch in eine Pfan, auch Salzen. rühre es mit Gries ein laß es kochen sind fertig.

Holzerschmarng
Laß den Gries in der Milch gut dick kochen, thu ihn dann in eine Schüßel und laß ihn auskühlen; dann treibe ein Stück Butter pflaumig ab, rühre den Gries darein so wie auch Zucker an einer Zitrone abgerieben, daß es süß genug wird; schlag soviel Eierdötter daran, daß es nicht mehr anzieht, schlag die Klar zu Schnee, rühre alles gut ab, schmiere ein Beck mit Butter, gieb den Teig hinein und laß ihn im Rohr backen.

Aus den angegebenen Zutaten wird ein dicker Brei gekocht, unter den man dann Zucker und Eier rührt. Jetzt muss der Brei erkalten. In einer Pfanne wird das Schmalz erhitzt. Den Grießbrei dazu geben und anbacken. Dann wird er mehrfach gewendet und zerstoßen. Immer wieder etwas Schmalz dazu geben und unter häufigem Wenden goldgelb backen. Zuletzt wird Zucker darüber gestreut, der beim weiteren Wenden bei geringer Hitze karamellisiert. Beim Anrichten mit Zimtzucker oder Puderzucker bestreuen und mit Kompott servieren.

Grieskoch
Siede Milch und Wasser Salz es, rühr es hübsch lind ein laß sieden, schütte es auf gieb Schmalz darauf ist fertig.

Herzogsbrot

280 g süße Sahne
120 g Mehl
100 g Butter
100 g Zucker
4 Eier
Vanillezucker

Das kleine Herzog Brod
Siede 2 Quart Obers, ½ Quartl feines Mehl, 6 Lth. Butter, 6 Lth. Zucker rühre es in das siedende Obers trockne den Teig auf der Gluth herunter, gieb 4 ganze Eyer und 4 Dötter drein, streiche ihn hernach auf ein mit Wachs bestrichenes Blech, säe Vanille und Zucker darüber und backe es langsam im Rohr.

Aus Mehl, Butter und Zucker wird ein Teig geknetet. Diesen gibt man in die kochende Sahne und lässt ihn ziehen und köcheln, bis er die Konsistenz eines festen Breies erreicht hat. Dann werden die vier Eier dazugemischt. Diese Masse wird jetzt auf ein mit Fett oder Wachs bestrichenes Backblech gleichmäßig verteilt, mit Vanillinzucker bestreut und im Rohr etwa 30–45 Minuten bei 190 Grad C gebacken.

Hirndel gefüllt

Hefeteig
(siehe Teigsorten)
2 Eidotter
4 EL Sauerrahm

Gefüllte Hirndeln
Es werden 12 Loth Butter mit ½ u Mehl vermengt, dann rührt man in einem Hafen 2 Eierdotter, Salz, 2 Löffel voll Germ, 4 Löffel sauern Rahm gut ab, thut es an das Mehl macht den Teig damit an, und walzt ihn Messerrückendick aus. Dann werden 3 eckige Flecke geschnitten, mit Eingemachten gefüllt, zusammengerollt und auf ein Blech mit Papier belegt, mit Mehl bestäubt, gesetzt, worauf man sie eine kleine Stunde gehen lässt, dann werden sie mit Eierdotter bestrichen und im Rohre schön gelb gebacken.

Ein Hefeteig, zu dem Sauerrahm gemischt wurde, wird Messerrücken dick ausgerollt. Aus diesem schneidet man dreieckige Fleckl mit einer Seitenlänge von etwa 10–15cm. Auf diese eingemachte Früchte, Kompott oder Marmelade geben. Die Fleckl einrollen, an den Enden fest zusammendrücken und auf ein mit Mehl bestäubtes Backpapier legen, das sich auf einem Backblech befindet. Jetzt lässt man die Hirndel noch etwa 50–60 Minuten gehen, bestreicht sie dann mit Eigelb und bäckt sie im Rohr etwa 30–40 Minuten bei 180–200 Grad C.

Hobelspäne

250 g Zucker
500 g Mandeln
die fein geriebene Schale einer Zitrone
etwas Rosenwasser

Die Zutaten werden zu einem Teig vermengt, den man dann etwa Messerrücken dick auf Oblaten streicht und im Rohr etwa 10–15 Minuten bei 180–190 Grad C heraus bäckt.

Hobelspäne
½ Pfund Zucker, 1 Pfund Mandl, die Schale 1 Citrone mit etwas Rosenwaßer vermengt, auf Oblaten Meßerrückendick aufgestrichen und gebacken.

Kartoffelpudding

8 mittelgroße Kartoffeln
8 Eier
90 g Zucker
abgeriebene Zitrone oder etwas Vanillepulver
Saft von 1 Zitrone

Die rohen Kartoffeln werden weich gekocht, geschält und gerieben. Auskühlen lassen und acht Eidotter, Zucker, Vanille, Zitrone und Zitronensaft dazumengen. Das zu steifem Schnee geschlagene Eiweiß von acht Eiern darunter mengen. Die Masse wird in eine gefettete Form gegeben. Man lässt sie im vorgeheizten Rohr bei 180–190 Grad C etwa 20–30 Minuten dünsten.

Kartoffel-Budding
Schäle die Kartoffel grün ab, siede sie weich, seihe sie ab und zerdrücke sie fein, alsdann rühre so viel Eierdötter daran, als es Kartoffel waren, die Klar zu Schnee Zucker, Zitronen oder Vanille nach Belieben, rühre es gut ab, giebs in einen geschmierten Modl in Dunst, beym Anrichten gieb Vanille Sauce dazu.

Linzer Germkipferl

Hefeteig (siehe Teigsorten),
zur Masse des Hefeteigs außerdem dazu
weitere 100 g Butter und 4 Eier

Linzertorte, Linzer Germkipferl

Nimm ½ U Butter, rühre ihn recht gut dann schlage 6 Eierdotter daran, eins nach dem andern, dann ½ Pfund Zucker und ½ Pfund fein gewiegte Mandeln und Limonieschälen. Wenn es gut gerührt ist kommt ½ Pfund Mehl dazu dann fülle ihn in ein rundes Becken und bestreiche ihn mit Eingesottenem und mache noch ein Gitter vom nämlichen Teig darüber. Damit die Torte während des Backens nicht durchsitzt, macht man außen um den Reif des Beckens vom schlechten Mehl einen Teig herum. Statt der noch 6 gewöhnlichen Eier kann man 6 hart gesottene Eierdotter wiegen, und unter den Teig mengen; auch kann von 3 Eiweiß einen steifen Schnee dazu schlagen. Kannst für die Germkipferl auch einen Germteig machen. kleine Kipferl daraus machen und backen.

Man macht einen Hefeteig, allerdings mit den zusätzlichen Zutaten. Ansonsten verfährt man genauso. Man walkt den Hefeteig etwa Messerrücken dick aus und schneidet viereckige Fleckl. Diese belegt man zur Hälfte mit klein geschnittenen Rosinen. Der Teig wird zusammengerollt, sodass er die Form kleiner Hörnchen bekommt. Die Enden festdrücken. Etwa 20 Minuten gehen lassen. Bevor man diese ins vorgeheizte Rohr gibt, werden sie mit Eidotter bestrichen und mit Mandelsplittern und Zucker bestreut. Bei etwa 180 Grad C etwa 25–35 Minuten backen.

Pfannkuchen mit Sauerrahm

- 2 EL Mehl
- 2 Eier
- 3 EL Sauerrahm
- 30 g Zucker
- etwas geriebene Zitronenschale
- 50 g Butter oder Schmalz

Aus Mehl, zwei Eidotter, Zucker, geriebener Zitronenschale und Sauerrahm wird ein flüssiger Teig gemacht, unter den noch der Eischnee der zwei Eier gehoben wird. Diese Masse gibt man in eine Pfanne mit heißer Butter oder heißem Schmalz und bäckt Pfannkuchen goldgelb heraus.

Pfannenkuchen mit sauerm Rahm
Nimm 2 Kochlöffel voll Mehl, rühr es mit sauerm Rahm an, schlag 3 Eierdötter daran, die Klar zu Schnee, rühr alles gut ab, zucker und salze, dann gieb in eine Ohmleth-Pfanne Schmalz, laß es heiß werden, gieß das Gerührte hinein, mach in der Mitte eine Öffnung, laß heißes Schmalz hinein, damit es sich nicht anbrennt, drehe es um – beym Anrichten zuckere ihn.

Pofesen

Weiß- oder Schwarzbrotscheiben ohne Rinde werden ein klein wenig in Milch geweicht, mit Ei paniert und in Butter oder Schmalz knusperig gebacken. Die Pofesen werden gezuckert, gesalzen, mit Marmelade bestrichen oder mit Kompott belegt serviert.

Rahmstrudel

Strudelteig (siehe Teigsorten)
1 l nicht entrahmte Milch
Als Fülle: 7 Äpfel und 100 g Rosinen

Ramstrudl
Thu Mehl auf ein Nudlbret, schlag ein Ey darein, Salz, ein warmes Wasser zum anmachen, wirche in recht gut, laß ihn einwenig rasten, dann walge ihn einwenig aus, thu ein Tuch auf einen Tisch, den Teig darauf, ziehe ihn recht fein aus, schneide den Rand des Teiges weg, bestreiche ihn mit Schmalz und Rahm, gieb Apfl od. Weinberen darauf, schlag ihn zusammen, thu ihn in ein Tegl od. Rein, schütte heiße Milch daran, auch Zucker, brate ihn im Rohr schön braun, thu ihn in eine flache Schüßl wenn du ihn anrichtest.

Einen Strudelteig wie angegeben herstellen, dünn ausziehen und kräftig mit Rahm und warm gemachtem Schmalz bestreichen. Als Fülle werden 7 Äpfel geschält und nach dem Entfernen des Kernhauses in dünne Scheiben geschnitten. Diese werden dann mit den Rosinen vermengt und gleichmäßig auf die Strudelflecken aufgelegt. Mit Hilfe des untergelegten Tuches, oder auch nur von Hand, wird der Strudel nun vorsichtig eingerollt und sowohl die Enden als auch die Seitenteile zusammengedrückt. In die gefettete Reine legen und in der vorgeheizten Bratröhre bei 200–220 Grad C 30 Minuten backen. Zwischendurch immer wieder mit Schmalz bestreichen. Dann wird heiße, nicht entrahmte Milch darüber gegossen, sodass er fast ganz bedeckt ist. Dann noch 15 Minuten goldgelb backen lassen, bis die Milch komplett eingezogen ist. In Stücke schneiden und mit der Backschaufel herausnehmen.

Reisstrudel

Strudelteig (siehe Teigsorten)
Für die Fülle:
500 g Reis
1½ l Milch
60 g Butter
5 Eier
60 g Zucker

Reis-Strudel
Mache einen Teig, wie zu einem Rahmstrudl laß ihn rasten, dünste dann einen Reis in der Milch dick, laß ihn auskühlen, treibe ein Stück Butter daran ab, schlag 3 ganze Eier und 2 Dötter dran, streich den abgetriebenen Reis darauf, rolle ihn zusammen, schmier eine Rein mit Butter, gieb den Strudl hinein, laß ihn ein wenig backen, dann gieb siedende Milch daran und laß ihn vollends ausbacken.

Die Flecken für den Strudelteig werden gewalkt und dünn ausgezogen. Für die Fülle lässt man zunächst den Reis in etwa 1 l Milch dünsten. Wenn er weich und die Reismasse dick geworden ist, muss diese auskühlen. Darauf gibt man den Reis zusammen mit Butter in einen Topf und lässt ihn ein wenig anziehen. Jetzt werden noch drei Eier und zwei Eidotter dazu gemengt. Diese Masse wird gezuckert und als Fülle auf die ausgezogenen Flecken des Strudelteigs verteilt. Zusammenrollen und die Enden festdrücken. Die einzelnen Strudelrollen werden nun in die mit flüssiger Butter ausgestrichene Reine gelegt und im Rohr bei 200–220 Grad C etwa 30 Minuten gebacken. Nach der Hälfte der Backzeit wird kochende Milch darüber gegossen. Jetzt lässt man ihn fertig ausbacken. Zwischendurch kann man den Strudel zusätzlich mit flüssiger Butter bestreichen.

Semmelwandl

8 alte Semmeln
½ l lauwarme Milch
50 g Butter
80 g Zucker
4 Eier getrennt
abgeriebene Zitronenschale
20 g Butter zum Ausfetten der Auflaufform
30 g Butterflocken zum Belegen

Semmel-Wandeln
Von 1 X. Semmel wird die Rinde weggeschnitten und würflicht geschnitten, dann mit Eier und etwas Milch angeweicht – ein kleines Stück Butter wird abgerieben – 2 Eier-Dotter daran, die eingweichte Semmel daran dann Zucker und fein geschnittene Zitronenschaln – schmiere Wandln mit Butter, fülle sie ein und lasse sie in Dunst sieden.

Von den Semmeln reibt man die Rinde weg, dann schneidet man sie in kleine Würfel, gibt die lauwarme Milch darüber, die zuvor mit einem Ei verquirlt wurde und lässt diese Masse zunächst 30 Minuten anziehen. Darauf werden Butter, Zucker und Eigelb schaumig gerührt. Dazu mengt man dann die eingeweichten Semmeln und die abgeriebene Zitronenschale. Das Eiweiß wird zu steifem Schnee geschlagen und unter die Masse gehoben, die darauf in die gefettete Auflaufform gefüllt und mit Butterflocken belegt wird. In das vorgeheizte Rohr schieben und bei 200–220 Grad C etwa 40 Minuten goldgelb backen.

Waldkirchner Dampfnudeln

500 g Mehl
¼ l lauwarme Milch
1 Prise Salz
30 g Hefe
90 g Butter
80 g Zucker
2 Eigelb
1 EL Vanillinzucker

Zum Garen:
70 g Schmalz
1 EL Zucker
¼ l Milch

Dampf Nudl
Thu Mehl in eine Schüßl setze mit Milch u. Germ ein Dampfl laß gehen, Salz, dann treibe Schmalz ab, schlag ein Ey daran, verrühre es gut, mach den Teig mit lauwarmer Milch an thu das abgetriebene darein, mach es gut durcheinander, laß es gehen, dann mache Nudl aus, thu Schmalz in eine Rein, laß es zergehen, die Nudl darein, laß gehen, dann bache es schön.

Hefeteig herstellen, davon mit einem Esslöffel Nudeln abstechen, formen und auf einem bemehlten Nudelbrett zugedeckt gehen lassen. In einem flachen Topf, der gut verschlossen werden kann, Butter und Zucker zerlaufen lassen, Milch dazu geben und erwärmen. Sind die Nudeln aufgegangen, so werden sie rasch in die lauwarme Flüssigkeit gesetzt. Deckel aufsetzen und dafür sorgen, dass dieser dicht schließt. Bei langsam steigender Hitze zum Kochen bringen. Bei schwacher Hitze 30 Minuten garen, bis die Flüssigkeit verdunstet ist und sich am Topfboden allmählich eine Kruste bildet. Dabei darf der Deckel nicht abgenommen werden. Man hört es, wenn sich die Kruste bildet, die Nudeln krachen dann. Den Topf von der Wärmequelle nehmen und noch 2 Minuten stehen lassen, bevor man den Deckel abnimmt. Mit der Backschaufel werden die Dampfnudeln herausgenommen und mit Kompott angerichtet.

Wespennester

400 g Mehl
Salz
$^1/_8$ l Milch
80 g Zucker
2 Eier
15 g Hefe
90 g Butter
80 g Schmalz
150 g Rosinen

Wespennester
Setze von 1 ½ Maßl /: kleines Seitl Maßl :/ von Germ und Milch ein ziemlich großes Dampfl – wenn es gehörig aufgegangen ist, dann schlage 1 ganzes Ei und 2 Dotter dran, salze es auf's Mehl – schütte Hühnereigroß zerlassenen Butter daran ½ Seitl Milch – und klopfe den Teig gut ab. Ist er fein genug, dann walke ihn aus, rädle Streifen für Weinbeer hinein und rolle sie zusammen, dann schmier eine Rein mit Schmalz aus setze die Nudl stehend hinein, betupf sie oben mit zerlassenem Butter, zuckere sie gut ab und backe sie im Rohre.

Aus Mehl, Milch und Hefe wird ein Dampferl (Vorteig) angesetzt (Hefeteig siehe Teigsorten). Wenn der Teig geruht hat und entsprechend aufgegangen ist, kommt Salz auf den Mehlrand sowie ein Ei, zwei Dotter, zerlassene Butter und warme Milch zum Teig. Dieser wird fest geknetet, bis er glatt und gleichmäßig ist. Dann wird er dünn ausgewalkt und in 6–8 cm breite und ca. 40 cm lange Streifen geschnitten, auf die Rosinen verteilt werden. Nun rollt man diese Streifen zusammen und drückt den überstehenden Teig an den Seiten fest. Die so entstandenen Nudeln werden stehend in die mit Schmalz gefettete Reine gegeben, mit zerlassener Butter bestrichen und mit Zucker bestreut. Bei 200–220 Grad C etwa 30 Minuten backen.

Windkirchl

Brandteig
(siehe Teigsorten)
2 EL Zucker
½ l Schlagsahne
Vanillinzucker
Puderzucker

Wind Kirchl.
Thu 1 Virting Mehl in eine Schüßl, thu 1 Virting Butter, und 1 Virting Wasser in ein messingenes Pfandl, mache es siedent, thue den Virting Mehl darein u. trockne es auf der Glut gut ab, dann thu es in eine Schüßl, u. treibe es gut ab, dann schlag 5 Eyer eins nach den andern gut verrührt, einwenig Salzen. schmirbe ein Blatl mit Butter setze wie Welsche Nuß Haiferl darauf bestreiche es mit Wasser thu Zuker darauf u. bache es schön.

Brandteig zubereiten. Mit einem Teelöffel werden auf das eingefettete und bemehlte Backblech in großen Abständen Walnuss große Häufchen gesetzt. In das vorgeheizte Backrohr schieben und bei 220 Grad C 30 Minuten backen. Noch im heißen Zustand können die Windkirchl aufgeschnitten werden, und nachdem sie ausgekühlt sind, eventuell mit Schlagsahne gefüllt werden. Der Deckel wird wieder aufgesetzt und mit Puderzucker bestreut.

Schmalzgebäck

Da Schmalzgebäck schwimmend in heißem Fett gebacken werden muss, soll das Backgeschirr entsprechend weit sein und wenigstens 10 cm hoch mit heißem Fett angefüllt werden. Als Fette eignen sich nur reine Fette, die frei sind von Wasser und Eiweißstoffen und damit nicht spritzen und Temperaturen bis 220 Grad C aushalten, ohne zu rauchen oder gar zu verbrennen. Es eignen sich also Schmalz (Butterschmalz, Margarineschmalz), Pflanzenfett (Biskin, Palmin u. ä.) oder Öl. Weder sollte man Fette untereinander mischen, noch gebrauchtes und ungebrauchtes Fett zusammen verwenden. Nach dem Backen muss das Fett gefiltert werden. Man kann es dann wieder hart werden lassen und wieder verwenden. Allerdings nicht öfter als vier bis fünf Mal. Die Backtemperatur spielt eine entscheidende Rolle für die Qualität des Backgutes. Bei zu wenig heißem Fett saugt sich das Schmalzgebäck zu sehr voll Fett, verliert damit an Geschmack und ist schwer verdaulich. Ist das Fett zu heiß, so färbt sich das Backgut außen zwar rasch braun, ist aber innen noch nicht durchgebacken. Die richtige Backtemperatur liegt für Teigwaren bei 175 Grad C. Rauchendes Fett deutet immer auf ein überhitztes Fett hin. Zur Probe legt man ein Teigstückchen in das heiße Fett. Steigt es rasch auf und bilden sich Bläschen, so stimmt die Backtemperatur.

Für Schmalzgebäck eignen sich besonders Brand-, Hefe-, Nudel- und Kartoffelteige.

Apfelküchel

Backteig (siehe Teigsorten)
6 große Äpfel
3 EL Zitronensaft
3 EL Zucker
etwa 750 g Schmalz zum Backen
3 EL Zucker zum Bestreuen

Apflküchl
Mache einen Brandteig, schneide Äpfl auf schnitl, tunke sie in den Teig, u. bache sie im Schmalz. eben so auch die Seml-Schnitl.

Die Äpfel werden geschält, entkernt, in dicke Scheiben geschnitten, mit Zucker überstreut und mit Zitronensaft betropft. Etwa 20 Minuten durchziehen lassen. Inzwischen wird der Backteig zubereitet. Die Apfelscheiben werden einzeln in den Backteig getaucht und nacheinander schwimmend im heißen Schmalz goldgelb herausgebacken. Abtropfen lassen und mit Zucker bestreuen.

Auf die gleiche Weise werden auch die **Hollerküchl** gemacht. Dabei werden die Hollerblütenstände komplett in den Teig getaucht und im schwimmenden Fett herausgebacken.

Apfelstritzel

4 Äpfel
50 g Butter
100 g Semmelbrösel
2 Eier
2 EL Zucker
geriebene Zitronenschale
500 g Schmalz zum Backen

Die in Wasser weich gedünsteten Äpfel werden geschält, entkernt und mit einer Gabel zerdrückt. In einer Pfanne werden Semmelbrösel mit Butter angeröstet. Dazu mengt man dann die geriebene Zitronenschale, zwei Eidotter, den Zucker und gibt die zerdrückten Äpfel dazu. Aus dieser Masse werden nun kleine, längliche Stritzel geformt, die im heißen Schmalz schwimmend heraus gebacken werden.

Äpfel-Stritzerl
Zertreibe einen gedünsteten Apfel, nimm ein wenig klein gestoßene und in Butter geröstete Semmelbresel auf Citronenschalen, mach es mit 1 Eierdotter, Zucker, daß es süß genug wird, dann mache kleine Schnitzerl aus, backe sie im Schmalz schön gelb, und siede sie in Wein und Zucker auf.

Fleckl gebacken

250 g Mehl
1 Ei
Salz
¼ l sauere Milch mit dem Rahm darauf („Seibern")
750 g Schmalz zum Backen

Alles zusammenmischen und einen festen Teig kneten. Etwa 30 Minuten zugedeckt ruhen lassen. In beliebig viele Teile zerschneiden. Diese Messerrücken dick auf einer bemehlten Unterlage ausrollen, die gewünschten Formen daraus schneiden und im heißen Schmalz goldgelb backen.

Gebachene Flekl
Nim Mehl auf ein Nudlbret, nim Salz ein Quartl sauere Milch samtn Raum mach in an, walg in aus mach Flekl daraus bachs bei guter Hitz im Schmalz.

Hasenöhrl

Hasenerl
Thu Mehl auf ein Nudlbret, Salz, Schlag 1 Ey u. 1 Doder daran, thu Butter in ein Pfandl, auch Ram, u. einwenig sauere Milch, laß es zergehen u. mache das Mehl damit an, wirche ihn recht gut ab, laß ihn einwenig rasten, walge ihn aus, schneide Flekl daraus u. bache sie im Schmalz.

Siehe Fleckl gebacken. Bei den Zutaten wird auf den Rahm auf der saueren Milch verzichtet. Die Form des Backgutes sollte den langen Ohren der Hasen ähneln.

Hirnpofesen

250 g Kalbshirn
Salz und Pfeffer
5 Semmeln
700 g Schmalz zum Backen

Hirn Bachfesen
Hake Kälbernes Hirn, Salz, und Pfefere es, streiche es in aufgeschnitne Seml ein kehr es in Euern um und bach es.

Das Kalbshirn wird mit kochendem Wasser überbrüht, enthäutet, durch den Fleischwolf gedreht und mit Salz und Pfeffer abgeschmeckt. Die Semmeln werden in dicke Scheiben geschnitten, mit dieser Masse bestrichen und im schwimmenden Fett heraus- gebacken.

Topfennudel

500 g Mehl
Salz
100 g Butter
30 g Hefe
¼ Milch
200 g Topfen
2 Eier

Gebachene Topfnnudl
Thue Mehl in eine Schüßl mache ein Dampfl, laß es gehen, treibe Topfen ab, schlag 1 Ey, u. 1 Doder, immer gut verrührt mache das Mehl mit den Dampfl, mit Milch an, Salz, thue den abgetriebenen Topfen darein, laß ihn gehen, mache Nudl auf ein mit Mehl bestaubtes Bret, einwenig gehen, bache sie wie Krapfen im Schmalz.

In eine Schüssel kommt das Mehl. In die Mitte eine Mulde drücken und einen Vorteig (Dampfl) mit Milch machen (siehe Teigsorten, Hefeteig). Salz auf den Mehlrand geben und das Ganze an einem warmen Ort 30 Minuten gehen lassen. Jetzt werden in einem Topf ein Ei, ein Eidotter und der Topfen miteinander verrührt und in die Mehlmulde zu dem Dampfl gegeben. Der Teig wird jetzt gut zusammengeknetet. Dann wiederum 30 Minuten gehen lassen. Darauf sticht man mit einem Esslöffel Nudeln vom Teig, legt sie auf eine bemehlte Unterlage und lässt sie abermals etwa 20 Minuten gehen, ehe man sie im heißen Schmalz schwimmend goldgelb bäckt.

Kuchen, Torten, Gebäck

Brottorte

Die angegebenen Mengen sind ausgelegt für eine Springform mit 28 cm Durchmesser.

100 g Brotbrösel
8 Eier getrennt
5 EL Wasser
3 EL Rum
250 g Zucker
180 g Mehl
200 g geriebene Mandeln
1 TL Zimt
1 Msp Nelken
50 g Zitronat
50 g Orangeat
1 P Backpulver

Zur Fertigstellung:
Kandierte Früchte
120 g Aprikosenmarmelade
Punschglasur
¼ l Wein

Punschglasur:
200 g Puderzucker mit einem Eiweiß schaumig rühren. 1–2 EL Zitronensaft und 2 EL Arrak oder Rum dazu rühren. Der Guss soll dickflüssig sein.

Von trockenem Schwarzbrot die Rinde abreiben. Diese Brotbrösel mit etwas Rum anfeuchten. Heißes Wasser und Eigelb schaumig schlagen. Dann den Zucker nach und nach dazu geben und alles wieder schaumig rühren. Zimt, Nelken, Brotbrösel, die geriebenen Mandeln, fein geschnittenes Zitronat und Orangeat dazu mengen. Eiklar zu steifem Schnee schlagen und über die Schaummasse legen. Mehl darüber streuen. Alles locker zusammenmischen und in die Springform füllen. 60–90 Minuten bei 150–170 Grad C backen. Am nächsten Tag erst die Torte ein- bis zweimal durchschneiden. Die Böden mit Arrak oder Rum und Wein tränken und mit Marmelade bestreichen. Die Böden aufeinander legen. Rand und Oberfläche ebenfalls mit Marmelade bestreichen, aber nur sehr dünn, und diese trocknen lassen.

Die Brottorte wird mit einer Punschglasur überzogen und kann mit kandierten Früchten verziert werden. Man sollte die Torte einen Tag durchziehen lassen, ehe man sie serviert.

Brodtorte
Man stoßt und fäht ½ Pfund Zucker dann werden eben so viel Mandeln geschält, gestoßen und rührt beydes mit 6 ganzen Eiern recht stark ab, dann kommen wieder 15 Eierdotter daran, und rührt alles ½ Stunde auf einer Seite ab, nun thut man 1 Loth gestoßenen Zimmt, 1 Loth Nelken, ½ Loth Alamodegewürz , 5½ Loth schwarze fein geriebene Brodbröseln und 1 Loth Mundmehl, dann von einer Zitrone die Schale fein gehackt, und 2 bis 3 Loth Zitronat. Man bestreicht den Model mit Schmalz und Brodbrösel, und füllt das Gerührte hinein.

Freimauererbrot

125 g Mehl
125 g Zucker
4 Eier
1 Msp Anis

Freimaurer-Brod
¼ Pfund Mehl, ¼ Pfund Zucker, 4 Dötter, Anis, alles zusammengerührt und auf einen mit Butter bestrichnes Blättl gebacken.

Butter und Zucker schaumig verrühren. Nacheinander vier Eidotter, Anis und den steif geschlagenen Schnee von vier Eiklar darunter rühren. Diesen Teig streicht man dünn auf ein gefettetes Backblech und bäckt ihn im vorgeheizten Rohr etwa 15–20 Minuten bei 150–170 Grad C goldgelb. Zum Anrichten schneidet man zwei Finger breite und eine Hand lange Streifen.

Haarnadeln

140 g Zucker
5 Eier
90 g Mehl

Haarnadeln
1 V. fein gesiebter Zucker wird in einen Hafen gegeben, 5 Eyerdotter und von 3 Klar den Schnee geschlagen – dazugemischt und diese 3 Maaßen so lange gerührt, bis es dick wird – dann 5 Lth. Mehl darunter gemengt und schnell durch einem Trichter auf Papier formirt; überzuckert dann wieder der Zucker abgeschüttelt bey gutem ausgeheitztem Rohr schön gelb gebacken und dann mit dem Messer als so warmer noch herunter gethan und im trocknen Ort aufbewahrt.

Den Zucker, fünf Eidotter und das zu Schnee geschlagene Eiweiß von drei Eiern wird so lange miteinander verrührt, bis die Masse zäh geworden ist. Dann wird das Mehl dazu gemengt. Diese Masse füllt man nun in einen Trichter und lässt den Teig in langen, dünnen Streifen auf ein mit Backpapier belegtes Backblech fließen. Leicht mit Zucker bestreuen und bei etwa 150–170 Grad C etwa 20–30 Minuten goldgelb backen. Solange sie noch warm sind, werden die Haarnadeln mit einem Messer abgenommen und getrocknet.

Kartoffeltorte

500 g Kartoffeln
8 Eier
250 g Zucker
abgeriebene Zitronenschale

Für die Form:
20 g Butter
Semmelbrösel

Kartoffel – Torte
1 Pfund gesottene ausgekühlte Erdäpfel reibe fein schlag in einen Hafen 12 Eier und 4 Dotter ¼ Pfund gestoßenen Zucker fein ab ¼ Stunde stets nach einer Seite – rühre die Erdäpfel hinein – bestreich den Model mit Butter und Semmelbrösel, schütte den Teig hinein – 2 Zoll laß Raum, daß er auflaufen kann – backe sie bey einem kühlen Feuer und stürze sie dann heraus und ziere sie. Man nimmt auch Citronenschalen darunter.

Die gekochten Kartoffeln werden geschält und fein gerieben oder durchgedrückt. Auskühlen lassen. In einer Rührschüssel werden die Eier und der Zucker schaumig gerührt. Dann gibt man nach und nach die Kartoffeln sowie die abgeriebene Zitronenschale dazu und mengt alles gut durcheinander. Nun wird die Kuchenform mit weicher Butter bestrichen und mit Semmelbrösel ausgestreut. Den Teig einfüllen und beachten, dass nach oben genügend Platz ist, weil die Kartoffeltorte noch aufläuft. Bei 160–180 Grad C etwa 30–40 Minuten backen. Dann herausstürzen und nach Belieben verzieren.

Liebesbrief

125 g Butter
1 Ei
4 EL süße Sahne
70 g Zucker
200 g Mehl

Als Fülle:
Fruchtfleisch von 2 Zitronen
125 g Zucker
2 Äpfel
⅛ l Wein
100 g geriebene Mandeln

Liebesbrief
Rühr ¼ Pfund Butter wohl ab, 1 Ey und 4 Löffel voll süßen Rahm nebst 4 Lth. Zucker hinein gerührt, und dann 12 Lth. Mehl schlage den Teig wohl ab, streu Mehl auf das Nudlbrett, dass der Teig kann leicht und geschwind gerührt werden, walke ihn recht dünn aus, schneid 4eckichte Stücke thu einen Löffel voll Füll hinein, schlag die 4 Ecken zusammen, wie über einen Brief, bestreich sie mit Eyer, lege eine Kirsche oder Hüfte darauf, daß es aussieht, als wär er gesiegelt, leg sie auf ein Blech und laß sie im Rohr backen – 1 starke Stunde brauchen sie. Zur Fülle nimm von 2 Citronen das Mark, ¼ Pfund Zucker, 2 Borstorfer Äpfl, ein Gläschen Wein und eine Hand voll Mandl.

Zur Fülle werden die Äpfel gekocht, geschält, zerdrückt und mit dem Zucker, dem Wein, den geriebenen Mandeln und dem klein geschnittenen Fruchtfleisch der Zitrone zusammengemischt.

Die Butter wird schaumig gerührt. Dann kommen das Ei, die süße Sahne und der Zucker dazu. Wieder alles gut miteinander verrühren. Jetzt wird langsam das Mehl dazu gerührt. Den Teig gut durchkneten und auf einer mit Mehl bestreuten Unterlage dünn ausrollen. Aus dem Teig werden quadratische Stücke ausgeschnitten und mit der Fülle belegt. Die vier Ecken zur Mitte hin einschlagen, dass das Ganze wie ein Brief aussieht und mit Ei bestreichen. In die Mitte legt man eine Kirsche, damit es aussieht, als sei der Brief versiegelt. Auf ein gefettetes Backblech legen und bei 150–170 Grad C etwa 60 Minuten backen.

Regenwürmer

200 g Mehl
1 Prise Salz
1 EL Zucker
2 Eier
30 g Schmalz
30 g Butter
1 l Milch

Regenwürmer
2 Halbe Becherl Mehl seihe auf ein Nudlbrett dann salze es, schlag 2 Eier daran und etwas Schmalz in Milch heiß zerlassen – mache den Teig gut ab und drehe dann lange dünne Schnüre daraus Dann richte eine Rein her mit Milch, Butter und etwas Zucker, lasse sie im Rohre siedend werden und dann lege die Schnüre hinein. Vorher aber thue die Schnüre in siedendes Wasser, fasse sie heraus und thue sie in die Rein.

Auf ein Nudelbrett oder eine andere Unterlage kommt das Mehl. In die Mitte eine Mulde drücken, und da hinein kommen die Eier und eine Prise Salz. Jetzt erhitzt man etwa ⅛ l Milch und lässt darin das Schmalz zerlaufen. Dieses Gemisch kommt nun auch noch zum Mehl in die Mulde. Daraus einen Teig kneten und lange dünne Schnüre daraus formen. Diese antrocknen lassen. Die Schnüre kommen dann kurz in kochendes Wasser. Heraus nehmen und wiederum leicht antrocknen lassen. In eine Reine die restliche Milch und die Butter geben und im Rohr zum Kochen bringen. Die Schnüre hinein legen und etwa 15 Minuten kochen lassen. Heraus nehmen und mit Zucker bestreuen.

Schmalzkuchen

140 g Schmalz
210 g Mehl
2 Eier
3 EL Sauerrahm
Salz
200 g Rosinen
1 Msp Zimt

5 halb weich gekochte, geschälte, entkernte und in Scheiben geschnittene Äpfel

Schmalztorte
Man rührt 12 Loth Schmalz recht schaumig ab, schlägt 6 ganze Eier und 2 Dotter, nimms nach dem anderen hinein, und gerührt wird er alles recht gut, dann kommen 16 Loth Zucker, 16 Loth feines Mehl, wovon die Hälfte Stärkmehl seyn muß, darunter, schmirt den Model mit Schmalz, bestreut ihn mit Semmelbröseln, füllt den Teig hinein und backt ihn.

Schmalz und Mehl miteinander mischen und abbröseln (Küchenmaschine mit Knethaken). Dann mischt man die Eier, eine Prise Salz und den Rahm dazu. Den Teig so lange gut kneten, bis er glatt ist und Bläschen bekommt. Dann wird die Hälfte des Teiges ausgerollt und auf ein mit Mehl bestäubtes Backblech gelegt. Ränder hochbiegen. Darauf wird dann das Gemisch aus den in Scheiben geschnittenen Äpfeln, den Rosinen und dem Zimt gefüllt. Darüber deckt man dann die ausgerollte restliche Hälfte des Teiges und bestreicht diese mit Eigelb. Bei 160–180 Grad C etwa 50–70 Minuten backen.

Schuhschnallen

Mürbteig (siehe Teigsorten)
70 g Zucker
1 Ei
Zitronensaft
50 g geriebene Mandeln

Schuhschnaln
½ V. Zucker, von 1 Ei den Schnee, etwas Citronensaft gut gerührt, bis es dick wird, dann 3 Loth recht fein geriebene Mandln darunter – streich den Teig mit einem Messer auf die geschnittenen geformten Schuhschnallen, besäe sie mit Streuzucker und back sie im Rohre.

Mürbteig ausrollen, daraus Formen entsprechend den Schuhschnallen ausschneiden und auf ein Backblech verteilen. Dann wird eine Masse aus Zucker, geriebenen Mandeln, etwas Zitronensaft und dem steif geschlagenen Schnee von einem Eiklar so lange gerührt, bis sie einigermaßen dick ist. Jetzt werden geriebene Mandeln dazu gemengt. Diese Masse wird nun mit einem Messer auf die zuvor geformten Schuhschnallen aus Mürbteig gestrichen und mit Zucker überstreut. Das Gebäck wird dann im vorgeheizten Rohr bei 170–190 Grad C etwa 15–25 Minuten gebacken.

Tausendjähriger Kuchen

250 g Butter
250 g Zucker
8 Eier
fein geriebene Zitronenschale
Salz
50 g Schmalz zum Einfetten der Kuchenform

Tausendjähriger Kuchen
Treibe ein halb U Butter ab, thu ½ Pfund geriebenen Zuker darein, rühre dieses recht gut, schlag 8 Eyerdöder, ein nach den andern, von 4 die klar zu Schnee geschlagen, den Schnee darein, Lemonischöln, rühre es wieder gut, einwenig Salzen, nan rühr ½ Pfund Mehl langsam darein, schmirbe ein Blatl mit Schmalz, schütte den Teig darauf, streich ihn auseinander, u. bache ihn bräunlicht im Rohr, wenn er gebacken, schneide gleich auf den Blatl gleich warme 3 Fingerbreite Schnitzen, gieb's gezuckert zur Tafl.

Butter und Zucker werden schaumig verrührt. Dann rührt man nacheinander acht Eidotter, die geriebene Zitronenschale und den steif geschlagenen Schnee von vier Eiklar dazu. Gut miteinander verrühren und dann allmählich das Mehl dazu rühren. Den Teig auf ein mit Schmalz eingefettetes Backblech geben und bei 220 Grad C etwa 30 Minuten backen. Solange der Kuchen noch warm ist, werden etwa 5 cm breite und 10 cm lange Streifen geschnitten und überzuckert serviert.

Wickelnudeln

30 g Zucker
2 Eier

70 g Mehl
⅛ l süße Sahne

Wickelnudeln
2 Eier werden gut verrührt, dann wird 1½ Loth Zucker dazugegeben, ebenfalls gut verrührt, dann kommt 1 Loth ½ Quint Mehl dazu, ½ Quärt süßen Rahm, jedes gut verrührt – eine Rein gut mit Butter gestrichen, mit Mehl bestäubt, den Teig hineingegossen messerrückendick auseinandergelassen und im Rohre gebacken. Dann schneidet man 2 Fingerbreite Streifen, hebt sie mit einem Schäuferl auf – man kann sie auch mit eingesottenen bestreichen, dann rolle die Streifen wie Schnecken zusammen, gieb sie auf eine Schüßl, bestreu sie mit Zucker und gieb sie zur Tafel.

Nachdem die Eier gut verquirlt wurden, rührt man den Zucker dazu. Dann mengt man nach und nach das Mehl und die süße Sahne darunter. Dieser Teig muss jetzt gut verrührt werden. Dann wird er in eine Reine gegossen, die mit Butter bestrichen und mit Mehl bestäubt wurde. Man lässt die Masse dünn auseinander laufen und bäckt sie im Rohr etwa 10–20 Minuten bei 150–170 Grad C. Darauf schneidet man das Backgut in etwa drei Zentimeter breite Streifen, bestreicht sie solange sie noch warm sind mit Marmelade und rollt sie darauf schneckenförmig zusammen. Vor dem Servieren werden die Wickelnudeln noch mit Zucker bestreut.

Wiener Guglhupf

Gerührter Hefeteig (siehe Teigsorten)

Zutaten:
2 EL abgeriebene Zitronenschale
120 g Rosinen
50 g geriebene Mandeln

Für die Guglhupfform:
20 g Butter
40 g Semmelbrösel
20 g Schmalz

Zunächst wird ein gerührter Hefeteig zubereitet. Dazu mischt man dann die Rosinen, die geriebenen Mandeln und die abgeriebene Zitronenschale. Diesen Teig lässt man etwa 30 Minuten gehen. Jetzt streicht man eine Guglhupfform mit weicher Butter aus und bestreut sie mit in Schmalz gerösteten Semmelbröseln. Nun den Hefeteig in die Form füllen und etwa 20–30 Minuten gehen lassen. Bei 180–190 Grad C 45–60 Minuten im Rohr backen. Nach dem Backen stürzen und eventuell mit Puderzucker bestreuen.

Wiener-Gogelhopf
Treibe ½ Pfund Schmalz pflaumig ab, schlag die 10 Eierdötter, einen nach den andern drein, nach jeden Dotter eine Hand voll Mehl, 2 Lth. gestossene Mandl, Zucker an Citronen abgerieben, daß es süß genug wird, dann 2 Löffel abgewässerte Hefen drein, hernach von die 10 Klar den Schnee, rühr alles gut ab, dann gieß den Teig in einen ausgeschmierten gebröselten Modl, laß ihn noch hübsch gehen – dann back ihn. Man kann ihn auch mit Rosinen Weinbeer vermengen.

Zuckerbögerl

60 g Zucker
60 g Mehl
2 Eier
30 g Mandelsplitter
20 g Zucker zum Bestreuen

Zuckerbögerl
2 Eyer schwer Zucker, 2 Eyer schwer Mehl, von den 2 Eyern wird das Klar zu steifen Schnee geschlagen, dann wird der Zucker mit den Eyern und Schnee gut gerührt, dann komt das Mehl hinein, gut untereinander gemischt, dann wird ein Blatl mit Wachs bestrichen, u. mit Flusspapier wieder einwenig abgewischt, setze kleine Haiferl darauf, streiche sie mit einen Messer din auseinander, besäe es mit grob gewiegte Mandl, u. grob gestoßnen Zuker, bache sie schön dunkelgelb im Rohr, sind sie gebaken, nim sie geschwind mit einen Messer vom Blatl, und biege sie über den Nudlwalger.

Der Zucker und die zwei Eidotter werden gut miteinander vermischt. Dazu rührt man dann den von zwei Eiklar steif geschlagenen Schnee. Darauf wird das Mehl dazu gemischt und verrührt. Mit einem Teelöffel werden von diesem Teig kleine Portionen abgestochen und auf das nur leicht gefettete Backblech gesetzt. Diese werden mit einem Messer flach gedrückt, leicht auseinander gestrichen und mit Mandelsplitter und Zucker bestreut. Im Rohr werden sie goldgelb gebacken (etwa 15–20 Minuten bei 180–200 Grad C). Wenn sie fertig sind, nimmt man sie mit einem Messer rasch vom Blech und biegt sie im noch warmen Zustand über ein Nudelholz. Nach kurzer Zeit sind sie dann fest und haben die gebogene Form des Nudelholzes angenommen.

Schlussgedanke

Vergleicht man das Kochen im 19. Jahrhundert mit der Zubereitung von Speisen in unseren Tagen, so lassen sich, wie in allen anderen Lebensbereichen auch, tief greifende Veränderungen feststellen. Diese brachten für die Hausfrau auch in der Küche bedeutsame Verbesserungen und Erleichterungen. Wesentlich rationeller, effektiver und vor allem mit erheblich geringerem Zeitaufwand können heute Speisen zubereitet werden. Das mühevolle Teigkneten, das Quirlen und Schlagen übernehmen multifunktionale Küchenmaschinen, Schnellkochtöpfe, Press- und Schälmaschinen und vielerlei andere Hilfsmittel. Der körperliche Einsatz ist vergleichsweise gering. Die Arbeit der Küchenmägde übernehmen heute Maschinen. Damit wurden diese schlichtweg überflüssig.

Die Technisierung und Digitalisierung hielt natürlich auch Einzug im Reich der Köchinnen und Köche, machte vor der Küche nicht Halt, erfasste auch die Welt der Töpfe und Kochlöffel. Besonders augenfällig wird das am Herzstück jeder Küche, am Herd. Durch alle, gleichermaßen schwer durchschaubare, wie wundersame Raffinessen gesteuert, werden krasse Kochmisserfolge praktisch ausgeschlossen. Diese technischen Wunderwerke warnen sowohl akustisch, als auch optisch durch schrille Klingeltöne, aufdringliche Hupsignale und mehrfarbig blinkende Lichter vor Zeit- und Temperaturüberschreitungen. Küchendisco! Fehlerhaftes Hantieren wird dadurch minimiert. Befragungen und wissenschaftliche Untersuchungen ergaben indessen, dass trotz dieser Erleichterungen immer weniger Frauen am Herd stehen, um aus vielerlei Rohprodukten schmackhafte Speisen zu zaubern.

Ebenso stellt das Aufbewahren von Fleisch, Fisch, Obst und Gemüse im Zeitalter der Kühltruhen und Gefrierschränke und einem überreichen Angebot an Tiefkühlkost kein Problem mehr dar. Unsere Vorfahren konnten Lebensmittel in den Speisekammern und den Kellern nur sehr begrenzt aufbewahren. Fleisch wurde gepökelt und, ebenso wie die Würste, anschließend dem Rauch von Buchenspänen ausgesetzt und auf diese Weise haltbar gemacht.

Auch die zeitgenössischen Kochbücher tragen ganz wesentlich zum relativ problemlosen Erreichen kulinarischer Erfolge bei. Selbst unbedarften Kochstümpern sollte bei exaktem Einhalten der Vorgaben Genießbares gelingen. Die präzisen Angaben zu Mengen, Gewichten und Garzeiten bremsen zwar den individuellen Spielraum herunter, helfen jedoch andererseits, potentielle Kochkatastrophen zu verhindern. Im Vergleich dazu bleibt da in den Kochanleitungen des 19. Jahrhunderts vieles offen. Geschick, Erfahrungsschatz, aber auch Experimentierfreudigkeit der Köchin, waren Basis für das Gelingen der Speisen und damit auch für das Ansehen eines ganzen Berufsstandes. Bedenken sollte man darüber hinaus, dass die Palette von Nahrungsmitteln, die der Hausfrau zur Verfügung standen, vergleichsweise überschaubar war. Es gab vor 150 Jahren gar keine andere Möglichkeit, als heimische Produkte zu verwenden. Damals war, um sich eines Ausdrucks der zeitgenössischen Küchensprache zu bedienen, von Haus aus alles „bio". Chemische Produkte, wie die verschiedenen Schädlingsbekämpfungsmittel, die unsere Gesundheit angreifen können, waren im 19. Jahrhundert noch ebenso unbekannt, wie Konservierungsstoffe, künstliche Aromen und Geschmacksverstärker.

Der zeitliche Aufwand für die Zubereitung des Essens wird erheblich reduziert oder knapp gegen Null geführt, wenn der Konsument auf Fertigprodukte zurückgreift, die zunehmend in den Regalen der Lebensmitteldiscounter auftauchen. Wohl eine bequeme Alternative in Singlehaushalten oder dort, wo beide Partner, aus welchen Gründen auch immer, einem Beruf nachgehen. Die Zutaten sind da in der Regel bereits fertig zusammengemischt.

Gewürz-, Mehl- und Backmischungen stehen ebenfalls bereit. Der Trend zu Fertiggerichten ist ungebrochen. Die Lebensmittelindustrie verzeichnet auf diesem Sektor gigantische Zuwachsraten. Dafür gibt es verschiedene Gründe. Sie liegen vor allem in den tief greifenden sozialen und gesellschaftlichen Veränderungen. Zum einen sind heute sehr viele Frauen berufstätig und finden deshalb, zumindest an den Wochentagen, nicht mehr die nötige Zeit zum Kochen auf traditionelle Art. Ihnen kommt verständlicherweise das Angebot an vorfabrizierten Speisen besonders entgegen. Auch die zunehmende Zahl an Single-Haushalten gilt als eine der Ursachen für den steten Rückgang traditioneller Kochkultur. Diese „Einzelkämpfer" sehen ebenfalls die Vorteile von Fertiggerichten: Schnell, einfach, bequem!

Wohl eine der wichtigsten Ursachen für den spürbaren Niedergang der Kochkunst, für den Verlust an Küchenwissen, kann man in einem Bruch der Überlieferungstradition ausmachen. Wurde bis etwa zur Mitte des 20. Jahrhunderts der Erfahrungsschatz im Zubereiten von Speisen, das „Kochlöffel-know-how", von der Mutter auf die Tochter nahtlos weitergegeben, so bricht diese Vermittlungsschiene mittlerweile nahezu vollkommen weg. Wenn kein Wissen mehr da ist, kann auch keines mehr weitergegeben werden!

Daneben nimmt das Angebot an fremdländischen, exotischen Lebensmitteln ständig zu. Bedenkt man, dass die meisten dieser Güter in übergroßen Mengen aus fernen Ländern mit Flugzeugen und Sattelschleppern zu uns verbracht werden, so kann man diese Erscheinung auch aus ökologischer Sicht durchaus negativ beurteilen. Ebenso werden eine fragwürdige Massentierhaltung und verachtenswerte Wegwerfmentalität zunehmend problematisch gesehen.

Bei allem „Küchenpessimismus" lassen sich also zaghafte Ansätze auf ein allmähliches Umdenken in Bezug auf den Umgang mit Lebensmitteln ausmachen, auf ein sich Rückbesinnen auf die Kochkultur vergangener Zeiten. Ganz allmählich erinnert man sich wieder der spezifischen Produkte und Koch-Eigenheiten eines Landstrichs. Begriffe, wie Bodenständigkeit, regionale Produkte oder biologischer Landbau deuten darauf hin und lassen hoffen, dass sich die Menschen wieder der Wertigkeit ihrer regionalen Küche bewusst werden. In dieser Hinsicht leisten auch viele Kochsendungen, die derzeit über zahlreiche Fernsehkanäle in die gute Küchenstube flimmern, einen wertvollen Beitrag zum Umdenken. Sie springen amüsant und unterhaltsam in die Lücke, die sich durch den Bruch in der Weitergabe von Kochwissen zwischen den Generationen aufgetan hat. Derlei Übertragungen aus den verschiedenen Fernseh-Küchenstudios animieren durchaus zum Nachmachen, zum Experimentieren. Sie machen nicht selten Lust aufs Kochen und bringen vielleicht auch hartnäckig „Herdentwöhnte" wieder auf den richtigen „Kochkurs".

Je mehr man sich die Veränderungen in der Küche vor Augen führt, desto größer wird der Respekt, die Achtung vor der Leistung, dem Können und dem Wissen der Köchinnen, der kochenden Bäuerinnen, der Bürgersfrauen und ganz allgemein der Hausfrauen.

Glossar

A		
abgeblasene Milch	=	entrahmte Milch
abgetrauft	=	abgetropft
abgetrieben	=	verquirlt
abnehmen	=	abhängen (Fleisch)
abseihen	=	Wasser entziehen, wegnehmen
abgeschölt	=	abgeschält
abklöpfeln	=	verquirlen
abmachen	=	vermischen
absprudeln, absprugeln	=	verrühren, verquirlen
Abschöpffett	=	Fett, das von einer Suppe, gekochten Knochen abgeschöpft wird
abtreiben	=	rühren, bis es schaumig wird
Alkermessaft	=	Saft der Alkermesschildlaus (rote Speisefarbe)
alzeit	=	immer
Animon	=	Gewürz
anlaufen	=	anschwitzen
Antivi	=	Endivie
auf der Glut	=	auf dem Ofen (ohne die Ringe und ohne den Deckel)
aufkochen	=	kann auch anbraten bedeuten
aufpregeln	=	aufsprudeln
ausdrehen	=	ausrollen mit dem Nudelholz
auslassen	=	Speck erhitzen, oder in eine Form schütten
ausmachen	=	auswalken, kneten
Auter	=	Euter
B		
bähen	=	Rösten von Semmelstücken oder Brot
Bäuschl, Baisl, Beischl, Beuschel	=	Lunge, Innereien, Herz, Lunge, Milz, Leber
ballen, herausballen	=	Bällchen formen
Beck	=	feuerfeste Form aus Ton oder Metall
Beinen	=	Knochen
besähen	=	bestreuen
Bertram-Essig	=	Essig mit Gewürzen (meist Estragon)
beträufen, betrapfen	=	beträufeln
bicken	=	picken = kleben
Bisgoten	=	Biskotten = Bisquitgebäck
blattelweis, blätterweise, blattlicht, geblättelt schneiden	=	dünne Blätter schneiden
blanschieren	=	überbrühen, aufkochen lassen

Blattl = Plattl = Backblech
Bodin = Pudding
Bötzeln = Pinkerl = Klumpen
Bori = Pori = Poree = Lauch
Borstorfer Äpfel = alte Apfelsorte
Bratzen, Brätzl = Füße
Brandnüsse = Gebäck aus Brandteig in Nussgröße
braune Einbrenn = Zucker karamellisieren + 1 Teil Fett + 1 Teil Mehl
breseln = bröseln
Breselknödel = je ein Teil Fett, Eier, Semmel- oder Brotbrösel
Bries = Hormondrüse
Bröckl, Brocken = klein geschnittene Stücke
Brunellen = Prünellen = Pflaumen
Butterteig = Blätterteig
Butzen = Kernhaus

C

Capri = Kapern
Charlotten = Schalotten = kleine Zwiebel

D

Dampfl = Mehl + Milch + Hefe = Hefeteig (muss gehen)
Dest = Mus
Döder = Dotter
dressieren = Cremes spritzen in einer gewünschten Form, Verzierung
dunken = tauchen
Dunst = im kochenden Wasserbad dünsten
durchseigen = seihen

E

Eier, Eyer, Euer, Oa = Eier
Eierweiß = Eiklar = Eiweiß
Einbrenn = helle oder dunkle Mehlschwitze
einbreseln = einbröseln = panieren
eindunken = eintauchen
Eingerührtes = gequirltes Eigelb oder ganzes Ei
Eingekochtes = eingeweckte Früchte
Eingesottenes = Marmelade
einmelbeln = mit Mehl einstauben
Eis = Zuckerguss
englische Kartoffeln = speckige, fest kochende Kartoffel
Essenz = dicke, kräftige Suppe
Essigsäuere = mit Essig gesäuert

F

faischiren = klein wiegen

faischierter
(oder farcierter, faschierter)

Schweinskopf	=	gefüllter Schweinskopf
Farce	=	Füllung
Farin	=	gelblicher Zucker, ungereinigter Rohzucker
Fasch, Faisch, Farsch	=	fein gehacktes, gewiegtes Fleisch (auch als Füllung), Hackfleisch
fein kochen	=	langsam kochen
feimen	=	schaumen
Feldhühner	=	Rebhühner, Schnepfen
Fenichl	=	Fenchel
Fetten	=	Fett
flaumig	=	pflaumig = schaumig
Fond	=	Ausgangsbrühe für Suppen oder auch Saucen
Fridatten	=	Pfannkuchen
Frikando	=	mit Speck gespicktes Fleisch (meist vom Schlegel)

G

gebackene Erbsensup	=	Suppe mit Backerbsen
gebähtes Schnittl	=	geröstete Semmel- oder Brotstücke
Gehäck	=	klein gehacktes Fleisch, Hackfleisch
gehörig	=	wie es sein soll, so wie es gehört
gekraust gespickt	=	kraus gespickt = mit eingesetzten Speckstücken
geläutert	=	klar, rein (Zucker)
Germ	=	Hefe
geweigt	=	eingeweicht
gepfatzt	=	geröstet in Fett
Geselchtes	=	geräuchertes Fleisch
gesotten	=	gekocht
gestoßen	=	(im Mörser) zerkleinert
gesulzt	=	geliert
Gewürznägel	=	Nelken
glasieren	=	für eine glänzende Oberfläche von Speisen sorgen
Gnakwurst	=	Knackwurst
Golatschen	=	Kolatschen = Mehlspeise aus Hefeteig mit Füllung
Grandbeeren	=	Preiselbeeren, auch Grankelbeeren, Grankerl oder Granten genannt
Gris	=	Gries = Krieß = Grieß
grillieren	=	auf einem Rost braten
grün	=	roh (grüne Kartoffel = rohe Kartoffel)
Gugen	=	Guken = eine halbe Eierschale voll

H

Haber	=	Hafer
Hackl	=	Beil
Halbe	=	ein halber Liter

Häfen	=	Hafen, Topf
Häupl, Häuptl, Haipl	=	z. B. Kopfsalat (ein Häupl Salat, ein Häupl Zwiebel)
Hausen	=	eine Störart (Fisch)
Hausenblase	=	Geliermittel (Fischleim)
Hetscheben	=	Hagebutten
Hiften, Hüften	=	Hagebutten
Hobelschoatn	=	Hobelspäne

I

in der Feste	=	in der Konsistenz
Indian	=	Truthahn

J

Jus	=	Saft (eines Bratens)

K

Kälter	=	Keller
Karbonade	=	Rippenstück
Karfiol	=	Kafiol = Blumenkohl
kandieren	=	in Zuckerlösung tränken
Kapaun	=	kastrierter Hahn
karamellisieren	=	Zucker durch Erhitzen schmelzen
Karbonade	=	Rippenstück
Karbonadenhafen	=	Topf (meist aus Ton) mit dickem Boden
Kasserolle	=	Kasserol = flacher Kochtopf mit Stiel, auch mit Deckel
Kem, Kim	=	Kümmel
Kindsmus	=	Mehlmus
Kitten, Kiten	=	Quitten
Klar	=	Eiweiß
Klar zu Schnee	=	das Eiweiß wird geschlagen zu Eischnee
Knofel	=	Knoblauch
Koch	=	Mus, Eingekochtes, z. B. Zwetschkenkoch, Hollerkoch
Königsmehl	=	Mundmehl = besonders feines Mehl
Körbelkraut	=	Kerbel
Kohle auf Deckel	=	Oberhitze
Kohlraben	=	Kohlrabi
Kolatsche	=	gefüllter Hefekuchen
Konfekt	=	Confect = kleine süße Speisen
Kranawitt, Kronawittbeer, Kranawittbeeren	=	Wacholder
Kräutl	=	Gewürzkräuter, Küchenkräuter
Krebsschweiferl	=	Krebsschwänze
Kühkas	=	Sauerampfer

L

Leg	=	Lage

legieren	=	binden mit Ei und/oder Rahm
Lemoni	=	Zitronen
lind	=	weich
Lungenbraten	=	Filetstück

M

Magrana	=	Makkaroni
Mairam	=	Majoran
Mandlsup	=	Mandelsuppe
marb	=	mürb
Mark, March	=	Fruchtfleisch oder Knochenmark
Maronen	=	Kastanien
Maschanzgeräpfel	=	alte Apfelsorte
Maßl	=	Pfund
Maurachen	=	Morcheln
Mäuseleiter	=	Schafgarbe, auch Farn (wurde auch als Küchenkraut verwendet)
Melbler	=	Mehl
meßern	=	aus Messing
Model	=	Form aus Ton oder Blech (Kastenform, Pastetenform, Kuchenform)
Mößel	=	Mass
Monatsblümleinstökl	=	Gänseblümchen
Mundmehl	=	feinste Mehlart
Muschgatblüh	=	Macis oder Muskatblüte (Samenmantel der Muskatblüte)

N

Nageln, Nagerl, Nägerl	=	Nelken
Neugewürz	=	Piment oder Nelkenpfeffer, eine Küchengewürzmischung aus weißem Pfeffer, getrocknetem Ingwer, Muskat und Gewürznelken)
Nessel	=	Brennessel
Netz	=	Bauchnetz
Nöckerl, Nögerl	=	Nockerl

O

Obers	=	Süßrahm
ordinäres Mehl	=	dunkles Mehl (Roggenmehl)

P

parsiren	=	passieren
Paskanat	=	Pastinak (ähnelt einer Petersilienwurzel, im Geschmack ähnlich Gelben Rüben)
pecken (Eier aufpecken)	=	picken, aufpicken, aufschlagen
pfäzen, pfärzen, pfazen, pfatzen, pfetzen, fähen	=	in Schmalz anrösten

pflaumig, pflamig, flaumig	=	schaumig
pochieren	=	im heißen Wasserbad
Pötzerl, Patzln, Batzerl	=	Batzen, Binken, Pinkerl, Klumpen
Pomeranzen	=	Bitterorangen
Pomeranzenzelten	=	Gebäck mit Bitterorangen
Pries	=	Bries (Hormondrüsen)
Provancer Öl	=	Öl aus der Provence (Olivenöl)
Puri	=	Poree

R

Radl	=	Scheiben
rädlich aufschneiden	=	in Scheiben schneiden
Ramerl	=	knusprige Kruste
ramlich braten	=	ramlig = so braten, dass eine Kruste entsteht
Raum	=	Rahm
raß	=	scharf
reiden	=	seihen
Rein	=	längliche Brat- und Backform
Ribisl	=	Johannisbeeren
Riefern	=	Runzeln
Rutten	=	Rute = Süßwasser-Fischart

S

Sadeln	=	Sardeln = Sardellen
säuern	=	Essig dazu
Salmi	=	Salmis = Geflügelragout
Schalotten	=	Chalotten = kleine Zwiebel
Schären	=	Scheren
Scheffel	=	Schäffel = Holzbottich, auch Hohlmaß (siehe Maße und Gewichte)
Schühsup	=	Schühsuppe = Jussuppe = klare, braune Fleischbrühe (aus Fleisch und/oder Markknochen), Fond
Schmargn	=	Schmarrn
schmirben	=	schmieren
Schmolln	=	Schmolle = das weiche Innere von Semmeln und Brot
Schnittler	=	Schnittlauch
Schoatn	=	Späne
Schölen	=	Schalen
Schoto	=	Chaudeau = geschäumte Sauce
schrepfen	=	schröpfen = die Haut entfernen
Schwämme	=	Schwammerl = Pilze
Schweiferl	=	Schwanz
schweln, schwellen	=	aufwallen, aufkochen lassen
seigen	=	seihen
Seitl, Seidl	=	ein viertel Liter

Spagat	=	dünne Schnur
Spalten	=	Speidl
speer	=	trocken
Spenat	=	Spinat
spicken	=	Speckstreifen in ein Fleischstück stecken
spindig (Teig)	=	feucht, nicht aufgegangen, zusammengefallen
spinnen	=	wenn z. B. der Zucker Fäden zieht
Spitzweger	=	Spitzwegerich
sprudeln, sprugeln, sprigeln	=	quirlen
stänglicht	=	als dünne Streifen, Stängel
Stand	=	besteht aus Essig, Öl + Gewürzen bzw. ist es eine Brühe, in der gegart wird
Stanitzl	=	Stranitzl = trichterförmige Spitztüte aus Papier
stauben	=	ein wenig Mehl darüber streuen
Stockfisch	=	luftgetrockneter Fisch (meist Seefisch)
stoppen	=	kleine Löcher stechen
stoßen	=	zerkleinern (im Mörser)
Straube	=	Schmalzgebäck
Strizl	=	Stritzel = kleines oder geflochtenes Gebäck
Sup	=	Suppe

T

Tegl, Tigl	=	Topf
transchieren	=	tranchieren = zerteilen
trapfen	=	betropfen
tunken	=	tauchen

U

überschmirben	=	mit Fett bestreichen
überschwemmig	=	überdeckt
unter Glut	=	bei der Glut = im Backrohr

V

von der Ferne kochen	=	von der Stelle mit der größten Hitze (über dem Feuer) wegnehmen

W

Walger	=	Walker = Nudelholz
walgen, walken	=	ausrollen
wallen	=	aufkochen
Waller, Wallerer	=	wenn das Kochgut aufwallt, aufkocht
Wandl	=	Backform
Weidling	=	irdener Hafen = weite, flache Tonschüssel
weiken	=	einweichen
wiegen	=	zerkleinern mit dem Wiegemesser

wirchen, würgeln	=	walken
Wirschi	=	Wirsing
würflicht, wirflet schneiden	=	in Würfel schneiden
wuzeln	=	wutzeln = ausrollen

X

X	=	Kreuzer

Z

Zeleri, Zellerie	=	Sellerie
Zelten	=	Plätzchen
zerschleichen lassen	=	zerlaufen lassen
Zibeben	=	große Rosinenart
Ziemer	=	Rücken
Zigori	=	Löwenzahn oder auch Wegwarte (aus den Wurzeln kann Zigori-Kaffee gemacht werden)
Zimet, Zimat	=	Zimt
Zucker gestoßen	=	normaler Haushaltszucker
Zwifl	=	Zwiebel

Quellenangaben

Ballauf Theresia
Die Wiener Köchin, wie sie seyn soll, Wien 1834

Brunn Therese
Würzburger Kochbuch für die gewöhnliche und feinere Küche, Würzburg 1862

Der Landkreis Wolfstein
Neue Presse Verlags GmbH, Passau 1968

Hausböck Maria
Handgeschriebenes Kochbuch, um 1850, Waldkirchen

Hubensteiner Benno
Bayerische Geschichte, Süddeutscher Verlag, München 1980

Küster Hans Jörg
Wo der Pfeffer wächst, C.H. Becksche Verlagsbuchhandlung 1987

Ostercorn Anna
Handgeschriebenes Kochbuch von 1841

Praxl Paul
Der Dreiländerberg, Verlag Morsak, Grafenau 1979

Schandri Marie
Marie Schandri's berühmtes Regensburger Kochbuch, Regensburg 1899

Schmeller Johann Andreas
Bayerisches Wörterbuch, Academie der Wissenschaften, Band 1–2, München 1872–77

Sulzbach A.
Küchen-Kalender 1845, Universal-Lexikon der Kochkunst, Band 1–3, Leipzig 1886

Zeiten und Menschen
Europa und die Welt, Blutenburg-Verlag, München 1978

Bildnachweis

Anna Nemes
S. 15 (links unten)

Rupert Berndl
S. 8, 24, 25, 26 (oben), 35, 47, 72, 104, 112, 113, 114, 115

Stadtarchiv Waldkirchen
S. 13, 30, 37

Familie Reschauer
S. 26 (Mitte und unten)

Maria Stögbauer
S. 34

Fotolia.de
S. 19, 56, 57, 58, 59, 60, 61, 62, 66, 68, 69, 70, 74, 75, 76, 77, 80, 82, 84, 87, 89, 91, 92, 93, 96, 97, 98, 99, 100, 101, 102, 104, 105, 107, 109, 110, 111, 117, 118, 119, 120, 121, 122, 124, 125, 126, 130, 134, 136, 137, 138, 139, 141, 142, 143, 144, 148, 152, 153, 154

Pixelio.de
S. 40 (oben), 63, 64 (oben), 67, 87 (rechts unten), 64 (unten), 65, 79, 85, 86, 88, 89, 95, 103, 106, 108, 121, 123, 127, 128, 129, 131, 132, 133, 135, 140, 145, 147, 149, 150

Susanne Pasquella Berndobler
S. 7, 10, 15 (links oben und rechts), 16, 17, 18, 21, 22, 27, 28, 29, 39, 40 (unten), 42, 43, 44, 46, 48, 49, 52

Pixabay.com
S. 71, 72 (links), 112, 113 (Hintergrundbild), 115 (Hintergrundbild)

Bücher für Bayern ♥ aus Liebe zur Heimat

ISBN 978-3-95587-826-9 · Preis: 24,90 €

ISBN 978-3-95587-767-50 · Preis: 24,90 €

ISBN 978-3-95587-800-9 · Preis: 24,90 €

ISBN 978-3-95587-097-3 · Preis: 24,90 €

ISBN 978-3-95587-730-9 · Preis: 19,90 €

ISBN 978-3-86646-705-7 · Preis: 19,90 €

Bildbände Bayerischer Wald

ISBN 978-3-95587-815-3 · Preis: 24,90 €

ISBN 978-3-95587-075-1 · Preis: 29,90 €

ISBN 978-3-95587-816-0 · Preis: 39,90 €

Heimat
battenberg
gietl verlag

Battenberg Gietl Verlag GmbH
Pfälzer Straße 11 · 93128 Regenstauf
Tel. 0 94 02 / 93 37-0 · Fax 0 94 02 / 93 37-24
E-Mail: info@battenberg-gietl.de

Fordern Sie kostenlos unser Verlagsprogramm an!
Unser komplettes Programm mit Leseproben finden Sie online unter **www.battenberg-gietl.de/Heimat**

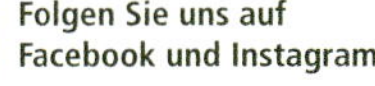
Folgen Sie uns auf Facebook und Instagram!

Bücher für Bayern ♥ aus Liebe zur Heimat

ISBN 978-3-95587-801-6 · Preis: 24,90 €

ISBN 978-3-95587-813-9 · Preis: 29,90 €

ISBN 978-3-95587-820-7 · Preis: 24,90 €

ISBN 978-3-95587-818-4 · Preis: 24,90 €

BROT & GEFÄHRTEN
Brote, Suppen, Aufstriche & Salate
Saisonale Rezepte fürs ganze Jahr

ISBN 978-3-95587-782-8 · Preis: 24,90 €

Frisches aus der MILCHWERKSTATT
Käse, Butter, Quark & Co. selber machen und genießen

ISBN 978-3-95587-773-6 · Preis: 19,90 €

ISBN 978-3-95587-775-0 · Preis: 19,90 €

Annette Knell
Einfach gsund
mit KRÄUTER-MEDIZIN
Rezepte aus meiner bayerischen Heilpraxis

ISBN 978-3-95587-745-3 · Preis: 17,90 €

ISBN 978-3-95587-077-5 · Preis: 19,90 €

Heimat
battenberg gietl verlag

Battenberg Gietl Verlag GmbH
Pfälzer Straße 11 · 93128 Regenstauf
Tel. 0 94 02 / 93 37-0 · Fax 0 94 02 / 93 37-24
E-Mail: info@battenberg-gietl.de

Fordern Sie kostenlos unser Verlagsprogramm an!
Unser komplettes Programm mit Leseproben finden Sie online unter **www.battenberg-gietl.de/Heimat**

Folgen Sie uns auf Facebook und Instagram!